AB DOMPLATZ

Steffen Raßloff

Erfurt

55 Highlights aus der Geschichte

Menschen, Orte und Ereignisse, die unsere Stadt bis heute prägen

SUTTON

Inhalt

ERFORDIA

Stadt mit großer Geschichte

Die einstige Mittelaltermetropole Erfurt hat zahlreiche historische Highlights zu bieten: von Luther und der ältesten Universität Deutschlands bis hin zur ersten Stasi-Besetzung 1989. Als heutige Landeshauptstadt war Erfurt stets das „Haupt des Thüringer Landes", wie schon Hartmann Schedel in seiner „Weltchronik" von 1493 schrieb. Bis in die Zeit des Thüringer Königreiches lässt sich dies zurückverfolgen. Erfurts Blütezeit als eines der wichtigsten Handels- und Kulturzentren des Reiches kann man in der Altstadt rund um den imposanten Domhügel erleben.

Seine Ersterwähnung 742 verdankt das seit der Steinzeit besiedelte „erphesfurt" dem Missionar Bonifatius. Das ursprüngliche Königsgut gehörte zwar seit etwa 1000 dem Mainzer Erzbischof, erlangte aber weitgehende Autonomie. Die Quasi-Reichsstadt wurde Schauplatz großer Ereignisse wie der Unterwerfung Heinrichs des Löwen unter Kaiser Barbarossa 1181 im Peterskloster. Mit seinen vielen Kirchen war Erfurt auch religiöses Zentrum Thüringens. Der Handel rund um die malerische Krämerbrücke blühte vor allem dank des Blaufärbemittels Waid.

1379 erhielt Erfurt das erste Privileg für eine Universität im heutigen Deutschland. Ihr bekanntester Student und Lehrer war Martin Luther. Mit dessen Eintritt ins Augustinerkloster 1505 begann das Ringen um die Reformation, die in Erfurt auf fruchtbaren Boden fiel. Weitere große Namen sind Meister Eckhart, Adam Ries, der Humanistenkreis um Helius Eobanus Hessus mit den „Dunkelmännerbriefen" sowie Eulenspiegel und Faust. Die Spuren der jüdischen Gemeinde rund um die Alte Synagoge zählen sogar zum UNESCO-Weltkulturerbe.

Im „Tollen Jahr" 1509/10 zeichnete sich dann ein allmählicher Niedergang ab. Von Schwedenkönig Gustav II. Adolf genährte Hoffnungen auf Reichsfreiheit blieben unerfüllt und 1664 folgte die Unterwerfung unter Kurmainz. Hierfür stehen die Zitadelle Petersberg und das Barockerbe. Höhepunkt jener Epoche, in der Erfurt fast Geburtsstadt Johann Sebastian Bachs geworden wäre, war die Dalbergzeit mit ihren Verbindungen zur Weimarer Klassik. Zugleich liegen hier die Wurzeln des Erwerbsgartenbaus. An die Blumenstadt von Weltruf erinnern große Gartenschauen bis hin zum egapark und der Bundesgartenschau 2021.

Die 800-jährige Bindung an Mainz endete 1802 mit dem Übergang an Preußen. Nach dem Zwischenspiel der „Franzosenzeit" mit Napoleons Fürstenkongress 1808 fiel Erfurt endgültig an die Hohenzollern. Es stieg zur Industriegroßstadt auf, in der die SPD 1891 ihr wegweisendes Erfurter Programm verabschiedete. Wichtige Impulse kamen vom Anschluss an die modernen Verkehrsmittel. In der Weimarer Republik, die auch eine Erfurter Republik hätte werden können, wurde die Stadt ein Brennpunkt der kulturellen Moderne.

Die Kette bedeutender Ereignisse reißt nicht ab: Sie reicht vom Erfurter Unionsparlament 1850, bei dem sich Bismarck seine diplomatischen Sporen

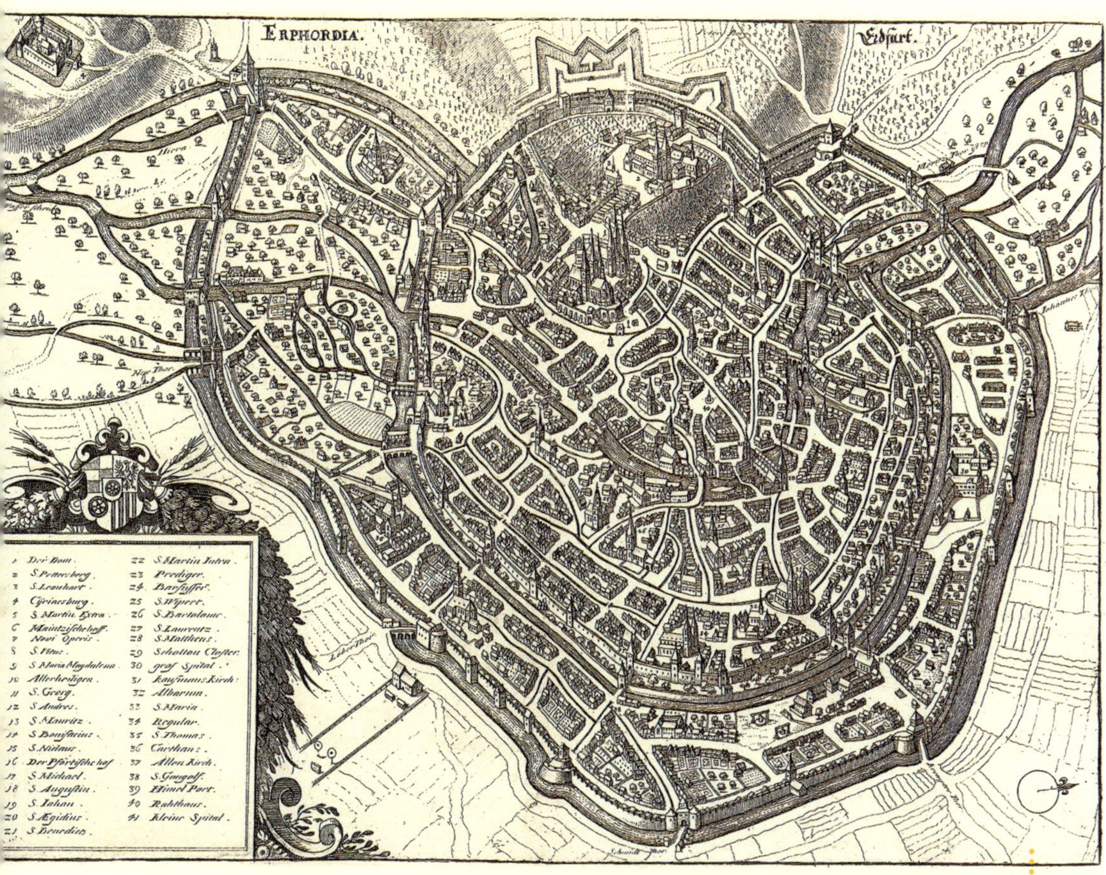

Ein Stich von Matthäus Merian (um 1620) zeigt die Mittelaltermetropole Erfurt mit ihren beiden Mauerringen und zahlreichen Kirchen.

verdiente, über das erste deutsch-deutsche Gipfeltreffen 1970 mit Willy Brandt bis hin zum ersten ökumenischen Spitzentreffen mit Papst Benedikt XVI. 2011. Geschichte schrieben auch Pharmazie-Pionier Johann Bartholomäus Trommsdorff, Soziologe Max Weber, Brooklyn-Bridge-Erbauer Johann August Röbling, ein „falscher Prinz“ und viele Erfurter Sportler.

Heute ist Erfurt eine lebenswerte Großstadt mit rund 215.000 Einwohnern. Sie profitiert von ihrer Lage im Herzen Deutschlands, ist Messe- und Kongressstadt, Sitz des Bundesarbeitsgerichtes, des MDR, KIKA und einer Universität. Zur Erfolgsgeschichte seit 1990 zählt auch die Renaissance der Altstadt, die im Zweiten Weltkrieg dank des „Wunders von Erfurt“ weitgehend unzerstört blieb. Als Schatzkammer der Stadtgeschichte fungiert dort das Stadtmuseum „Haus zum Stockfisch“. Neben der großen Geschichte genießen die Erfurter und zahlreiche Touristen auch kulinarische Highlights, allen voran die Thüringer Nationalgerichte Bratwurst und Klöße.

1 Die ältesten Erfurter
Relikte der Vorgeschichte

Auf 30.000 v. Chr. datiert das älteste Exponat im Stadtmuseum, ein Faustkeil unserer urmenschlichen Vorfahren. Von da an lässt sich der Fortschritt über die jungsteinzeitliche Sesshaftwerdung bis zum Metallzeitalter nachverfolgen.

Die Anfänge der Erfurter Stadtgeschichte reichen zurück bis in die Altsteinzeit. Damals zogen die Menschen noch als Horden von Jägern und Sammlern durch Thüringen. Die frühesten Spuren finden sich bei Bilzingsleben nördlich der heutigen Landeshauptstadt. Eine Gruppe von Urmenschen unterhielt dort vor ca. 370.000 Jahren am Rande eines Sees einen Lagerplatz mit Behausungen und Feuerstellen, produzierte Werkzeuge, Jagdwaffen und andere Geräte aus Stein, Holz, Knochen und Geweih. Die Gruppe sammelte Früchte und Pflanzen, machte aber auch Jagd auf Waldnashörner, Hirsche, Waldelefanten und Bären.

Das älteste überlieferte Relikt menschlicher Zivilisation auf dem Erfurter Stadtgebiet wird auf ca. 30.000 v. Chr. datiert. Jener faustkeilartige Feuerstein, gefunden in einer Kiesgrube in Erfurt-Nord, bildet damit zugleich das älteste Exponat im Stadtmuseum „Haus zum Stockfisch". Die Funde aus den folgenden Jahrtausenden zeigen die Verfeinerung der für diese Epoche namensgebenden Steingeräte. Aus einem Steinkern gewonnene Faustkeile dienten als Werkzeuge zum Ausweiden erlegter Tiere, Abschaben von Fellen, Anspitzen von Holzgeräten usw. Kleinere Abschläge nutzte man als Speerspitzen, Dolche oder Schaber.

Der für die Menschheit bahnbrechende Schritt vom Jäger und Sammler zum sesshaften Ackerbauern und Viehzüchter vollzog sich in der Jungsteinzeit. Klimatische Voraussetzung hierfür war der Übergang vom Eiszeitalter zur heutigen Warmzeit vor ca. 10.000 Jahren. Diese „neolithische Revolution" begann im 9. Jahrtausend v. Chr. in Kleinasien. Auf Erfurter Gebiet lassen sich jene jungsteinzeitlichen Bauernkulturen ab etwa 5000 v. Chr. nachweisen. Die Funde zeugen von differenzierteren sozialen Verhältnissen, Fortschritten in Kultur und Technik sowie religiösen Vorstellungen. Als erster vom Menschen künstlich hergestellter Werkstoff diente Keramik für Gefäße und Schmuck. Die ersten Siedler bevorzugten noch die über dem feucht-sumpfigen Tal der Gera gelegenen fruchtbaren Hochebenen.

Die Bronzezeit stellte ab dem 2. Jahrtausend v. Chr. einen weiteren wichtigen Entwicklungsschub dar. Aus dem seit Längerem bekannten Kupfer gewann man durch die Legierung mit zehn Prozent Zinn das sehr viel härtere Metall Bronze. Damit wurde die Effektivität von Werkzeugen und Waffen erhöht. Hochwertige Bronzewaffen zeugen hiervon, etwa eine auf dem ehemaligen Erfurter Südfriedhof gefundene typische

Ein auf ca. 30.000 v. Chr. datierter Faustkeil ist das älteste Exponat im Stadtmuseum „Haus zum Stockfisch".

Kombination von Dolch und Sichel. Mit dem Metallzeitalter beschleunigte sich die kulturelle Entwicklung und soziale Differenzierung weiter. In die Bronzezeit reicht auch die Anlage großer Wallburgen zum Schutz umliegender Ansiedlungen zurück, wie im Steiger, in Melchendorf (Blosenburg) und Möbisburg.

In der Eisenzeit als letzter der drei großen ur- und frühgeschichtlichen Epochen treten im letzten vorchristlichen Jahrtausend erstmals zwei große „barbarische" Volksstämme bei antiken Autoren namentlich auf, die Kelten und Germanen. Das Erfurter Gebiet befand sich am Schnittpunkt zwischen keltischem und germanischem Kulturkreis. Man geht davon aus, dass die ansässige Bevölkerung zunächst unter dem Einfluss der keltischen Kultur in Süddeutschland stand. Lange importierte man die neuen Eisenprodukte, ehe vermutlich im 6. Jahrhundert v. Chr. die komplizierte Eisenproduktion vor Ort einsetzte. Typische Kulturgegenstände sind die zahlreichen in und um Erfurt gefundenen Fibeln, kunstvolle Gewandverschlüsse. Vermutlich im 2. Jahrhundert v. Chr. wurde der Raum Erfurt dann von germanischen Stämmen besiedelt und die Kelten wurden nach Süden verdrängt. Mit dem Vordringen der Elbgermanen setzten jene Prozesse ein, die schließlich zur Herausbildung des Stammes der Thüringer mit ihrem Machtschwerpunkt um Erfurt führen sollten.

2 Radegundes Klage
Erfurt und das Thüringer Königreich

Der Untergang des Thüringer Königreiches 531 gehört zu den tiefen Zäsuren der Landesgeschichte. Jenes mächtige Germanenreich, in dem Erfurt bereits eine zentrale Stellung einnahm, fiel an die Franken.

Der Stamm der Thüringer tritt Ende des 4. Jahrhunderts beim römischen Autor Vegetius Renatus als „Toringi" ins Licht der Geschichte. Ältere Deutungen des Namens gingen von den Hermunduren oder dem Donnergott Thor aus. Heute wird eine Ableitung vom germanischen „thur" vermutet, was so viel wie stark, machtvoll und reich bedeutet. Die Thüringer hatten sich von anderen Germanenstämmen der Völkerwanderungszeit abgehoben und gehören damit neben Franken, Alamannen und Sachsen zu den ältesten, aus denen sich ein deutsches Reich bilden sollte. Ihr Siedlungsraum reichte von der Werra bis zur Mulde, von der Altmark bis zum Thüringer Wald und Westerzgebirge. Darüber hinaus erstreckte sich ihre Herrschaft später bis hin zu Main, Donau, Elbe und vielleicht sogar zum Niederrhein.

In der zweiten Hälfte des 5. Jahrhunderts bildete sich ein mächtiges Königreich der Thüringer. Bedeutende archäologische Funde bei Naumburg, Mansfeld, Weimar, Erfurt und Mühlhausen markieren dessen Kern. Die Funde aus dem Raum Erfurt weisen diesen bereits als ein Herrschaftszentrum aus. Einige Forscher vermuten hier sogar einen Königshof. Besonders um Gispersleben konnten herausragende Gegenstände geborgen werden. Neben diversem Schmuck, Waffen und Alltagsdingen bilden vergoldete Schmuckfibeln für Frauengewänder wahre Glanzstücke. Eines der aufwendigsten Gräber findet sich am Kleinen Roten Berg, wo eine Frau auf zweirädrigem Wagen aufgebahrt wurde. Das große Hügelgrab sowie der Wagen und die reichen Beigaben deuten auf eine Fürstin hin, vielleicht sogar auf eine Angehörige der Königsfamilie.

Als wichtiger Machtfaktor Europas waren die Thüringer mit den Ostgoten Theoderichs des Großen verbündet. Dies wurde 510 durch Heirat der Theoderich-Nichte Amalaberga mit dem Thüringer König Herminafrid bekräftigt. Nach dem Tode Theoderichs 526 brach das Bündnissystem jedoch zusammen. Die Thüringer unterlagen 531 in einer Schlacht an der Unstrut den Frankenkönigen Theuderich und Chlothar. Kurz darauf fiel der geflüchtete Herminafrid einem Mord zum Opfer. Seine Nichte Radegunde, deren Mutter möglicherweise in Gispersleben bestattet lag, wurde von Chlothar verschleppt und musste diesen heiraten. Sie flüchtete jedoch später in den Schoß der Kirche und gründete das Kloster Poitiers. Dort verstarb 587 die in Frankreich als Heilige hoch verehrte thüringische Prinzessin und fränkische Königin. Jene erste näher fassbare historische Persönlichkeit Thüringens hat das Stadtmuseum „Haus zum Stockfisch" mit einer seiner viel

Vergoldete Schmuckfibeln aus einem Grab bei Gispersleben.

beachteten Sonderausstellungen 2006 aus der weitgehenden Vergessenheit zurückgeholt.

Der blutige Untergang des Thüringer Königreiches hat schon die Zeitgenossen stark beeindruckt und ist ähnlich wie die Nibelungen in die germanische Sagenwelt eingegangen. Der fränkische Historiker Gregor von Tours schildert die Niederlage 531 sehr drastisch. So hätten die Leichen der flüchtenden Thüringer die Unstrut verstopft, auf denen dann die Franken den Fluss überqueren konnten. Daneben erinnert das zeitgenössische Klagelied der Radegunde des Dichters Venantius Fortunatus eindringlich an die furchtbare Niederlage. Als historische Zäsur kann man die Ereignisse kaum überschätzen. Aus einem Königreich wurde eine Provinz des fränkischen und späteren deutschen Reiches. Erfurt freilich sollte seine Bedeutung für die Region bis hin zur heutigen Landeshauptstadt Thüringens behaupten.

3 Ohnmächtiger Donnergott
Bonifatius und die Christianisierung

Der Missionar Bonifatius trieb die Christianisierung Thüringens im 8. Jahrhundert als Teil der fränkischen Machtsicherung entscheidend voran. Hierfür steht die im Erfurter Rathausfestsaal ins Bild gesetzte Fällung einer Donareiche.

Der angelsächsische Missionar Bonifatius hat als „Apostel der Deutschen" im 8. Jahrhundert wesentlich an der Christianisierung Thüringens mitgewirkt. Als Ergebnis langjähriger Tätigkeit gründete er 742 das Bistum Erfurt, das jedoch bald darauf an Mainz angegliedert wurde. Dennoch legte Bonifatius damit den Grundstein für die Stellung Erfurts als kirchliches Zentrum in Thüringen. Seit der Reformationszeit bikonfessionell, ist es heute Sitz eines katholischen Bistums und des Landeskirchenamtes der Evangelischen Kirche in Mitteldeutschland.

Die Bistumsgründung 742, genauer gesagt ein entsprechender Brief an Papst Zacharias, stellt zugleich die urkundliche Ersterwähnung von „erphesfurt" dar, das schon lange eine „urbs paganorum rusticorum", eine Stadt heidnischer Bauern gewesen sei. Deshalb hat auch Historienmaler Prof. Peter Janssen den Missionar an den Anfang seines 1882 vollendeten imposanten Wandbildzyklus im Erfurter Rathausfestsaal gestellt.

Gezeigt wird die legendäre Fällung einer Eiche im nahen Steigerwald, die dem germanischen Gott Donar geweiht war. Im Vordergrund gelingt es Bonifatius offenbar, Bewohner der Stadt angesichts der ausbleibenden Strafe durch den Donnergott vom Wort Gottes zu überzeugen. Im Hintergrund wenden sich erzürnte Anhänger des alten Glaubens ab. Dies steht für den keineswegs reibungslosen Prozess der Christianisierung der Germanen – Bonifatius selbst wurde 754 von heidnischen Friesen erschlagen.

Die heutige Geschichtsschreibung verlegt die Fällung der Donareiche freilich eher ins hessische Geismar nahe der Büraburg, wie es schon in der zeitgenössischen Biografie Willibalds von Mainz zu lesen steht. Die spärliche Quellenlage und der Reiz der weitverbreiteten Sage mögen es aber verzeihlich machen, wenn die Erfurter dieses Ereignis für sich in Anspruch nahmen.

Der mutige Baumfäller steht unverkennbar als Symbolfigur für das siegreiche Christentum. Seine unerschütterliche Gestalt täuschte allerdings im späten 19. Jahrhundert über dessen schleichenden Erosionsprozess hinweg. Zwar bekannten sich noch fast alle Erfurter offiziell zum christlichen Glauben, gut 80 Prozent waren evangelisch. In der pulsierenden Industriegroßstadt war aber keineswegs mehr jeder von der göttlichen Weltordnung überzeugt. Die aufstrebende sozialistische Arbeiterbewegung setzte dem Christentum eine atheistische Weltanschauung entgegen. Aber auch für manchen national-liberalen Bürger hatte seine Verbindlichkeit nachgelassen.

Insbesondere der Protestantismus wurde seither stark ausgehöhlt. Das Ende des Kaiserreiches mit seinen privilegierten fürstlichen Landeskirchen 1918, zwei antikirchliche Diktaturen und die Zeit nach 1989/90 haben den Anteil der evangelischen Bevölkerung dramatisch zurückgehen lassen. Gleichwohl sollte man sich der christlichen Wurzeln unserer Geschichte bewusst bleiben. Das hat auch der Rotary Club Erfurt 2017 zum Anlass genommen, der Stadt zwei bronzene Statuen zu schenken. Bonifatius schmückt seither mit Martin Luther auf Höhe des Festsaales die Fassade des Erfurter Rathauses.

Bronzestatue von Bonifatius am Erfurter Rathaus.

4 Haupt des Thüringer Landes

Erfurt als urbanes Herz Thüringens

Schon Missionar Bonifatius entschied sich 742 für Erfurt als Bistumssitz – ein erstes Schlaglicht auf die alte Rolle als urbanes Herz Thüringens. Die heutige Landeshauptstadt war darüber hinaus eine echte Mittelaltermetropole.

Erfurts malerische Altstadt steht für die wohlhabende und mächtige Mittelaltermetropole. Immer mehr Touristen bestaunen die Stadt voller historischer und kultureller Highlights, die in Rankings auch bei der Lebensqualität für ihre Bewohner mit ganz vorn rangiert. In den nationalen Medien ist Erfurt aber vor allem als Landeshauptstadt Thüringens präsent, nicht zuletzt während schlagzeilenträchtiger Landtags- und Ministerpräsidenten-Wahlen wie 2020. Wenngleich diese Funktion als politische Kapitale nur wenige Jahrzehnte zurückdatiert, so war Erfurt seit grauer Vorzeit jedoch immer so etwas wie die „heimliche Hauptstadt", das urbane Herz Thüringens.

Schon die Ersterwähnung von „erphesfurt" im Jahr 742 zeigt die alte Metropolfunktion. Der christliche Missionar Bonifatius legte nicht ohne Grund

den Sitz des neuen Bistums für Thüringen an die Gera, wo sich die größte und wichtigste Siedlung am Schnittpunkt bedeutender Handelsstraßen befand. Seither gilt Erfurt als das „Haupt des Thüringer Landes“, wie es in Hartmann Schedels „Weltchronik“ von 1493 mit der ältesten bekannten Stadtansicht heißt. Oft ist auch auf Karten und in Büchern von der „Metropolis Thuringiae“ die Rede, von der Metropole Thüringens. Vom archäologisch belegten Machtzentrum des Thüringer Königreiches bis hin zur heutigen Landeshauptstadt des Freistaates Thüringen zieht sich diese Stellung wie ein roter Faden durch die Geschichte.

Der Verkehrsknotenpunkt wandelte dabei mehrfach sein Gesicht. Waren es über Jahrhunderte die wichtigen Handelsstraßen, allen voran die Via Regia von Spanien nach Russland, die Erfurt seine Position maßgeblich sicherten, so trat an deren Stelle im 19. Jahrhundert die Eisenbahn. Heute bildet Erfurt als Schnittpunkt von Autobahnen und ICE-Schnellstrecken nach wie vor ein Verkehrsdrehkreuz von europäischem Rang. Über die Zentralortstellung in Thüringen hinaus gehörte die autonome Handels- und Kulturmetropole im Mittelalter mit ihren mehr als 20.000 Einwohnern zu den größten Städten des Reiches. An der Schwelle zur Neuzeit hatte die Quasi-Reichsstadt allerdings den Zenit ihrer Entwicklung vorerst überschritten. 1664 musste sie sich unter die Herrschaft des Mainzer Erzbischofs beugen. Allerdings hinterließ diese Epoche ein ansehnliches barockes Erbe. Hieran erinnert nicht zuletzt die heutige Thüringer Staatskanzlei am Hirschgarten, errichtet als kurmainzische Statthalterei.

In Hartmann Schedels „Weltchronik“ von 1493 findet sich die älteste Ansicht von Erfurt, dem „Haupt des Thüringer Landes“.

Dort residierte seit Anfang des 19. Jahrhunderts der Regierungspräsident des preußischen Regierungsbezirkes Erfurt, größter Bestandteil der thüringischen Kleinstaatenwelt. Unter den Preußen setzte zudem ein wirtschaftlicher Wiederaufstieg ein. Er machte Erfurt zur modernen Metropole Thüringens, zur pulsierenden Industriegroßstadt, die 1906 die 100.000-Einwoher-Marke überschritt. Das bewegte 20. Jahrhunderts ging zwar keineswegs spurlos an Erfurt vorbei. Dennoch kann es sich heute als Dom-, Luther- und Blumenstadt präsentieren, die ihren historischen Charakter weitgehend bewahrt hat. Den Wandel zum modernen Verwaltungs-, Dienstleistungs-, und Wissenschaftszentrum nach 1990 hat die Stadt gemeistert. Hiervon zeugen nicht zuletzt die 215.000 Einwohner. Die am 10. Januar 1991 offiziell vom Landtag gekürte Landeshauptstadt ist neben der zweiten Großstadt Jena (110.000) die einzige Stadt in Thüringen mit deutlichem Bevölkerungswachstum.

5 Die Quasi-Reichsstadt

Rat, Rathaus und Bürgerschaft

Das alte Rathaus am Fischmarkt war über Jahrhunderte Herzstück der autonomen Ratsherrschaft in Erfurt. An seine Stelle trat 1875 das heutige neogotische Rathaus mit vielen Anklängen an die Stadtgeschichte.

Im 13. Jahrhundert erlangte die Bürgerschaft der aufstrebenden Handelsstadt Erfurt weitgehende Autonomie von ihrem Landesherrn, dem Mainzer Erzbischof. Herzstück der Ratsherrschaft war das Rathaus am Fischmarkt, 1275 erstmals als „curia consulum" erwähnt. Das „Land Erfurt" erwarb zudem ein Territorium mit 83 Dörfern, Burgen und der Stadt Sömmerda. Mit dem Reichslehen Wasserburg Kapellendorf kam man sogar dem Status einer Reichsstadt sehr nahe. Hieran erinnert etwa die 1591 auf dem Fischmarkt errichtete Roland-Säule. Erfurt konnte sich im Spiel der Mächte geschickt gegen Mainz und die fürstlichen Nachbarn behaupten. Dies waren insbesondere die Landgrafen von Thüringen und Kurfürsten von Sachsen, deren Territorium die Stadt umgab. Erst nach dem Dreißigjährigen Krieg musste sich Erfurt 1664 der Mainzer Herrschaft beugen.

Das Rathaus jener mittelalterlichen Blütezeit als Quasi-Reichsstadt existiert allerdings nicht mehr. Die Umstände seines Verschwindens wirken ziemlich paradox: Erst reißen die Erfurter ab 1830 ihr altes verwinkeltes Rathaus mit seinem wuchtigen Turm ab. Dadurch geht der Stadt ein einzigartiges Kulturdenkmal verloren. Ausstattungsstücke des Ratssaales, Architekturelemente und alte Ansichten lassen im Stadtmuseum „Haus zum Stockfisch" den Verlust erahnen. Dann bleibt über Jahrzehnte eine hässliche Ruine am Fischmarkt stehen. Schließlich baut man bis 1875 ein neues Rathaus im neogotischen Stil, weil dies besser in die Altstadt mit ihren gotischen Baudenkmalen passt. Jener Vorgang zeigt aber auch, so merkwürdig es klingen mag, die Anfänge unseres heutigen Verständnisses von Denkmalpflege und des Stolzes auf die Stadtgeschichte.

Der Abriss war schon unter den Zeitgenossen sehr umstritten und kostete 1833 Bürgermeister August Wilhelm Türk sogar die Wiederwahl. Traditionsbewusste Bürger setzten sich für das Bauwerk ein. Nicht zufällig fand die Gründungsversammlung des Vereins für die Geschichte und Altertumskunde von Erfurt am 23. Dezember 1863 im Saal des alten Rathauses statt. Der erste Vorsitzende Wilhelm von Tettau betonte die Ziele des neuen Vereins: „Aufgabe sei es fernerhin, den Untergang dessen, was vorhanden ist und an die ehemalige Größe Erfurts und an seine Blüthe im Mittelalter erinnert zu verhüten. Diese Aufgabe bezieht sich namentlich darauf, an Bau- und Kunstwerken zu erhalten, so viel noch möglich ist." Kam dieses bis heute fortdauernde Engagement des Geschichtsvereins für das Rathaus auch zu spät, hat er doch viele andere Bau- und Kulturdenkmale bis hin zur Krämerbrücke gerettet.

Fischmarkt mit Rathaus und Roland-Säule (links).

Trotz des von vielen bedauerten Verlustes des alten Rathauses ist der neogotische Neubau ein weithin sichtbarer Ausdruck des historischen Selbstverständnisses der Bürgerschaft geworden. Er bildet bei genauerem Hinsehen ein Sammelbecken an Motiven hervorragender Bauwerke der Stadt, allen voran von Dom und Augustinerkloster. Die besonders vom Geschichtsverein initiierte stolze Rückbesinnung auf das mittelalterliche „Heldenzeitalter der Stadt" erhielt so an repräsentativer Stelle eine Gestalt. Das von Architekt Theodor Sommer entworfene Rathaus ist auch im Inneren ein Denkmal des Geschichtsbilds und Kunstgeschmacks des späten 19. Jahrhunderts. Mit der Galerie historistischer Wandbilder im Festsaal zu Höhepunkten der Stadtgeschichte sowie zu Luther, Faust und dem Grafen von Gleichen im Treppenhaus kann man es wie ein Bilderbuch betrachten.

6 Blaues Gold
Die europäische Waidmetropole

Dem beliebten Blaufärbemittel Waid verdankte die Mittelaltermetropole Erfurt einen Großteil ihres Reichtums. Der europaweite Handel machte die Waidhändler buchstäblich stinkreich, wovon bis heute ihre imposanten Bürgerhäuser zeugen.

Gerne bezeichnet man außergewöhnlich gut betuchte Zeitgenossen als stinkreich. Dieses etwas abschätzige Attribut stammt nach einer Überlieferung aus dem Mittelalter und verweist auf einen über Jahrhunderte die Stadt Erfurt prägenden Wirtschaftszweig – den Waidhandel. Verarbeitung und Handel mit dem aus der Waidpflanze gewonnenen beliebten Blaufärbemittel bescherten den Waidhändlern, auch Waidjunker genannt, großen Wohlstand. Beim Verarbeitungsprozess in den Waidspeichern und auf den hohen Dachböden der Händlerhäuser wurde der Pflanzenrohstoff mit Urin angereichert. Die damit in Gang gesetzte Gärung sorgte für ausgesprochen unangenehme Gerüche.

Diese Nebenwirkung nahmen die Waidhändler aber gerne in Kauf. Sie waren die Hauptprofiteure jenes Prozesses, der vom Anbau durch die Bauern der Region bis hin zum Verkauf des fertigen Färbemittels in ganz Europa reichte. Der Färberwaid (lat. Isatis tinctoria) ist eine zweijährige Pflanze aus der Familie der Kreuzblütengewächse. Er wurde besonders im fruchtbaren mittelthüringischen Raum angebaut. Seine Blätter konnten mehrmals im Jahr geerntet werden. Man breitete sie anschließend zum Anwelken auf Wiesen aus und zerquetschte sie unter dem Rad einer Waidmühle zu Waidmus. Die getrockneten Waidballen fuhren die Bauern schließlich nach Erfurt. Dort wurden sie auf dem Waidanger, der heutigen Flaniermeile Anger, von den Waidhändlern mit enormen Gewinnspannen aufgekauft.

Nun folgte der eigentliche Veredelungsprozess zum Blaufärbemittel für Textilien. Dies geschah unter anderem durch jene anrüchige Gärung mittels Urin auf den großen Dachböden der Waidjunkerhäuser. Ein solches typisches Gebäude ist das Stadtmuseum „Haus zum Stockfisch“ in der Johannesstraße. Es wurde 1607 von dem Waidjunker Paul Ziegler errichtet, der aus einer angesehenen Bürgerfamilie stammte. Es zeigt, dass die Waidjunker nicht nur stinkreich, sondern auch steinreich waren. Nur wenige Bürger konnten sich solche prächtigen Häuser aus dem teuren Baumaterial Stein leisten. Die meisten lebten in eher bescheidenen Fachwerkgebäuden.

Das fertige Produkt trat schließlich von der Gera seine teils sehr weiten Reisen an. Die Erfurter Fernhändler unterhielten ein einträgliches Verbindungsnetz in ganz Europa. Man darf Erfurt neben dem französischen Toulouse sogar als eine der bedeutendsten Waidmetropolen des Kontinents einstufen. Einschließlich einer Spätblüte bis zum Dreißigjährigen

Waidmühlrad vor dem Deutschen Gartenbaumuseum.

Krieg (1618–48) sorgte der Waidhandel auch für volle Stadtkassen. Er beförderte so ganz maßgeblich die reichsstadtähnliche Autonomie der Bürgerschaft von ihrem Landesherrn, dem Mainzer Erzbischof. Mit der Einführung des tropischen Indigos kam der Waidhandel dann im späten 17. Jahrhundert als frühes Globalisierungsopfer zum Erliegen.

Neben den Häusern der Waidhändler erinnern die wenigen erhaltenen Waidmühlen im Raum Erfurt im wahrsten Wortsinne an die Blütezeit. Das wohl bekannteste Exemplar steht vor dem Deutschen Gartenbaumuseum im egapark. Als 1961 die Internationale Gartenbauausstellung der sozialistischen Länder, die iga '61, als Vorläufer des egaparks eröffnet wurde, hatte man nicht nur die neuzeitliche Gartenbautradition der Blumenstadt Erfurt im Blick. Vor dem ebenfalls mit der iga eingeweihten Gartenbaumuseum in der Cyriaksburg kam eines der traditionellen Waidmühlräder zum Stehen. Es sollte auf die Bedeutung des „blauen Goldes" verweisen, wie man das Produkt der Waidpflanze einst treffend nannte. Diese Form der Traditionspflege hat auch Eingang in das Konzept der Bundesgartenschau 2021 gefunden, deren Herzstück der egapark bildete.

7 Handel und Wandel
Die Krämerbrücke

Die Krämerbrücke steht symbolisch für die mittelalterliche Handelsmetropole. Die beidseitige durchgängige Bebauung mit Häusern macht sie nördlich der Alpen einzigartig. Heute ist die Brücke neben dem Dom das bekannteste Wahrzeichen der Stadt.

Die prosperierende Handelsstadt Erfurt verdankte ihren Aufschwung im Mittelalter vor allem der Lage an wichtigen Fernhandelsstraßen. Hier kreuzten sich die Via Regia, die Königsstraße von Spanien nach Russland, und die Verbindung von der Hansemetropole Lübeck nach Nürnberg. Die Händler mussten dabei die Erfurt von Süden nach Norden durchfließende Gera passieren. Lange Zeit geschah das an Furten, an seichten Flussstellen, die zum Kern der Stadtentwicklung wurden. So war es kein Zufall, dass der durch den Missionar Bonifatius 742 erstmals erwähnte Stadtname „erphesfurt" so viel bedeutet wie „Furt durch das braune Wasser". Mit der Entwicklung zur Stadt im engeren Sinne im Hochmittelalter begannen jedoch eine Reihe von Brücken den Verkehr zu vereinfachen.

Geradezu symbolisch für die Handelsmetropole an der Gera steht die Krämerbrücke, neben dem Dom das berühmteste Wahrzeichen Erfurts. Sie ist eines der ältesten profanen Bauwerke in Erfurt und ein einzigartiges Kulturdenkmal. Die beidseitige durchgängige Bebauung mit Häusern ist nördlich der Alpen einmalig. 1117 findet sich der erste Hinweis in den Quellen im Zusammenhang mit einem durch Blitz entzündeten Brand, bei dem die damalige hölzerne Fußgängerbrücke zerstört wurde. Da sie auch in der Folgezeit mehrfach abbrannte, entschlossen sich die Stadtväter, einen Steinbau errichten zu lassen, der 1325 vollendet wurde.

Die Brücke ruht auf fünf starken Sandsteinbögen, die die beiden Arme der

Gera überspannen. Dazu kommt noch jeweils am Flussufer ein Stützbogen. Nach einem Stadtbrand 1472, der auch Teile der Brückenbebauung zerstörte, wurden die neuen Häuser durch hölzerne Stützkonstruktionen über den Brückenrand hinaus verbreitert. An beiden Brückenköpfen befanden sich Kirchen, von denen heute nur noch die östliche Ägidienkirche vorhanden ist. Am westlichen Ufer stand einst die Benediktskirche, die nach 1800 abgebrochen wurde.

Bereits auf der Holzbrücke hatten die Händler Buden aufgestellt, denen später Fachwerkhäuser folgten. Ursprünglich waren es 62. Durch Umbauten und Zusammenlegungen sind heute noch 32 Häuser vorhanden. Hier konnte man Gewürze, Papier, Seide, aber auch Kunstwerke des Goldschmiedehandwerks kaufen. Kramwaren entsprachen also keineswegs unserer heutigen etwas abschätzigen Bedeutung, sondern meinten wertvolle Handelsgüter. Damit steht die Krämerbrücke unmittelbar neben dem für Erfurt namensgebenden seichten Flussdurchgang für das mittelalterliche Handelszentrum.

In den letzten 100 Jahren hat sich die Brücke zu einer beliebten Sehenswürdigkeit entwickelt, die von zahlreichen Menschen in den umliegenden Grünanlagen, Biergärten und Cafés bestaunt wird. Das ist aber keineswegs selbstverständlich. 1912 hatte der Stadtrat einen breiten Straßendurchbruch vom Fischmarkt zur Gotthardtstraße beschlossen, dem das malerische Umfeld der Brücke zum Opfer gefallen wäre. Zeitweise wurde sogar der Abriss der Krämerbrücke selbst diskutiert. Gegen diese Pläne hat besonders der Verein für die Geschichte und Altertumskunde von Erfurt die Öffentlichkeit mobilisiert und ihre Umsetzung verhindert. Der Geschichtsverein hat darüber hinaus generell das Bewusstsein für den Wert der Altstadt und ihrer Kulturdenkmale geschärft. Heute setzt sich die Stiftung Krämerbrücke für die Erhaltung der Brücke ein. Ihre Aufgabe ist es, neben Wohnen eine dem Denkmal entsprechende Nutzung der Brückenbauten durch Gewerbe, Handwerk, Ladenlokale, Antiquitätengeschäfte und kleine Galerien zu ermöglichen. Damit soll ein typisches „Krämerbrückenmilieu" erhalten werden.

Die Krämerbrücke ist neben dem Dom das bekannteste Wahrzeichen Erfurts.

8 Es braut sich was zusammen

Die Bierstadt Erfurt

Bier war über Jahrhunderte ein unverzichtbares Grundnahrungsmittel und hat viele Spuren im Stadtbild hinterlassen. Von den reichen Biereigen des Mittelalters bis zu den industriellen Großbrauereien prägte es die Wirtschaft.

Biertrinker verweisen gerne gegen Anfechtungen von Nichtbiertrinkern auf den Umstand, dass der hopfige Gerstensaft einst ein unerlässliches Grundnahrungsmittel und buchstäblich lebenswichtig war. Über Jahrhunderte galt Bier auch in Erfurt gerade beim kleinen Mann als das wichtigste Alltagsgetränk, weil man das verunreinigte Grundwasser kaum genießen konnte und Wein recht teuer war. In dünner Form wurde es sogar schon Kindern gereicht. Zugleich war Bierbrauen auch ein lukratives Geschäft. Es sorgte neben dem Handel mit dem Blaufärbemittel Waid für den Reichtum führender Patriziergeschlechter. Oft waren die Waidjunker zugleich sogenannte Biereigen, die allein das monopolartige Recht besaßen, abwechselnd in ihren Biereigenhöfen Bier zu brauen und auszuschenken.

Hieran erinnern die runden Löcher an den Portalen von prächtigen Bürgerhäusern, in die bei frisch gebrautem Bier Strohbündel oder Fahnen gesteckt wurden. Hierzu zählt etwa das „Haus zum Stockfisch“ in der Johannesstraße, in dem heute das Stadtmuseum residiert. Errichtet wurde es 1607 vom Waidjunker und Biereigen Paul Ziegler. Das frisch gezapfte Bier gab man auch akustisch bekannt. Dies war Aufgabe von Knechten der vier Stadtviertel, den sogenannten Bierrufern. Um jene Bierrufer rankt sich auch so manche Anekdote. 1289 soll der beliebte König Rudolf von Habsburg aus einer spontanen Laune heraus frisch gezapftes Bier bei einem Erfurter Ratsherrn ausgerufen haben. Auch andere hohe Herrschaften wie König Gustav II. Adolf von Schweden und Otto von Bismarck waren dem Erfurter Bier zugetan.

Mit dem modernen Gastronomie- und Brauereibetrieb endete das Biereigenwesen im 19. Jahrhundert. Die Lebensmittelbranche mit den großen Backstein-Komplexen der Brauereien und Malzwerke gehörte von Beginn an zu den Zugpferden der Industriegroßstadt Erfurt. Um 1900 gab es im südlichen Stadterweiterungsgebiet vier Großunternehmen: die Brauerei Büchner in der Schillerstraße, die Brauerei Baumann gleich um die Ecke Am Stadtpark, die Aktienbrauerei in der Arndtstraße und die Steigerbrauerei an der Steigerstraße. Hinzu kamen die Malzwerke Wolff und Eisenberg sowie der Brauerei- und Mälzerei-Anlagenbauer Topf/EMS. Im bewegten 20. Jahrhundert erlebte diese vielgestaltige Bierlandschaft einschneidende Zäsuren. Anfang der 1920er-Jahre übernahm die Leipziger Riebeck Brauerei fast alle Erfurter Unternehmen. In der DDR-Zeit wurde daraus die volkseigene Brauerei Braugold. Der

Portal des „Hauses zum Stockfisch" mit Bierlöchern.

Traditionsbetrieb konnte jedoch nach 1990 nicht in der Marktwirtschaft Fuß fassen. 2010 wurde in der Schillerstraße nach 122 Jahren das Brauen endgültig eingestellt.

Bierbrauen im großen Stil ist also typisch für die Geschichte Erfurts. Diese Historie hat das Stadtmuseum im einstigen Biereigenhof Paul Zieglers 2018 noch einmal mit der erfolgreichen Sonderausstellung „‚Es braut sich was zusammen' – Erfurt und das Bier" lebendig werden lassen – beginnend mit den Anfängen in Mesopotamien und Ägypten. Einer der Unterstützer der Ausstellung war die Erfurter Biermanufaktur „Heimathafen". Sie ist angesiedelt im Kreativzentrum „Zughafen" im ehemaligen Güterbahnhof, bekannt geworden vor allem durch den Erfurter Sänger Thomas Hübner alias Clueso. Dank der beliebten Craft-Beer-Brauerei ist Erfurt seit 2017 nicht mehr die einzige deutsche Landeshauptstadt ohne Brauerei. Für die Ausstellung hatte Braumeister Jan Schlennstedt nach einem Originalrezept die traditionelle Erfurter Biersorte „Schlunz" wiederauferstehen lassen. Das obergärige, dunkle und hopfige Bier ist seither als „Erfurter Urbier" sehr gefragt.

9 Erfordia turrita

Die Kirchen im „Rom des Nordens“

Die Mittelaltermetropole Erfurt galt wegen ihrer vielen Kirchen als „Rom des Nordens“. Martin Luther schwärmte von der „Erfordia turrita“, dem türmereichen Erfurt. Einige der Klöster leisteten einen bedeutenden Beitrag zur Stadtentwicklung.

Ein Kennzeichen der Mittelaltermetropole Erfurt waren seine außergewöhnlich vielen Kirchen. Es wurde deshalb auch als „thüringisches Rom“ oder „Rom des Nordens“ bezeichnet. Martin Luther sprach mit Blick auf die imposante Stadtsilhouette von der „Erfordia turrita“, dem türmereichen Erfurt. Als Stadtkronen überragten das Ensemble aus Mariendom und Severikirche auf dem Domhügel und die Peterskirche auf dem Petersberg die über 40 Gotteshäuser. Dementsprechend viele Geistliche lebten in der Stadt. Der Klerus unterteilte sich vor der Reformation in vier Kollegiatstifte (Marienstift, Severistift, Reglerstift, Brunnenstift), elf Klöster (Augustinereremiten, Augustinerinnen/Neuwerk,

Die Silhouette von Erfurt wird noch immer von zahlreichen Kirchtürmen geprägt.

Benediktiner, Benediktinerinnen/Cyriak, Schotten, Dominikaner, Franziskaner, Kartäuser, Serviten, Weißfrauen, Zisterzienserinnen), eine Hospitalkirche und 27 Pfarrkirchen.

Obwohl das 742 von Missionar Bonifatius gegründete Bistum Erfurt wenig später dem Erzbistum Mainz angegliedert wurde, stellte Erfurt im Mittelalter das kirchliche Zentrum Thüringens dar. Es war Sitz eines Weihbischofs und anderer regionaler Leitungsämter. Zudem stand der Klerus dem Stadtherrn der autonomen Quasi-Reichsstadt, dem Mainzer Erzbischof, sehr nahe. Sitz der kurmainzischen Verwaltung war der Mainzerhof im Brühl in Nachbarschaft des Martinsklosters der Zisterzienserinnen. Auch besaßen einige der Erfurter Klöster Bedeutung weit über die Region hinaus, wie das Benediktinerkloster auf dem Petersberg als ein Zentrum von Geschichtsschreibung und Buchkunst sowie Stätte bedeutender Ereignisse der Reichsgeschichte.

Einen großen Beitrag zur Stadtentwicklung haben die Bettelorden der Franziskaner, Dominikaner und Augustinereremiten geleistet. Zuerst konnten sich die Franziskaner („Barfüßer") 1224 am südlichen Ufer der Gera nahe dem Rathaus ansiedeln. Nur wenig später folgten ihnen 1229 am nördlich gegenüberliegenden Ufer die Dominikaner („Prediger"). Ihre gewaltigen Klosterkirchen ragten unter den Pfarrkirchen deutlich heraus. Die Augustiner konnten im Nordosten nach einem ersten gescheiterten Anlauf mit Billigung des Rates 1276 ihr Kloster errichten. Die sehr auf Bildung und Spiritualität bedachten Bettelorden brachten große Gelehrte hervor, allen voran den Predigermönch Meister Eckhart und den Augustinermönch Martin Luther.

Die Vielzahl der kirchlichen Einrichtungen und seine kirchenpolitische Bedeutung trugen mit dazu bei, dass Erfurt im „Kernland der Reformation" umso stärker in den Strudel der Geschehnisse auf der Schwelle zur Neuzeit um 1500 hineingezogen wurde. Der Student und junge Mönch Martin Luther erhielt hier von 1501 bis 1511 tiefe Einblicke in die Probleme einer komplexen Kirchenlandschaft mit ihren Klöstern, Stiften und Pfarreien, wie sie nur in wenigen Metropolen anzutreffen war. So wurde das „thüringische Rom" auch zur „Keimzelle der Reformation". All dies lässt sich noch heute bei einem Gang durch die weitgehend erhaltene Erfurter Altstadt mit ihren vielen Kirchen nachvollziehen.

10 Die Stadtkrone
Mariendom und Severikirche

Das gewaltige Ensemble von Mariendom und Severikirche thront als Stadtkrone über den Dächern des alten Erfurt. Der Dom besitzt herausragende Kunstwerke wie die Leuchterfigur Wolfram und die „Gloriosa".

In Erfurt lässt sich wie in kaum einer anderen deutschen Großstadt das Mittelalter auf Schritt und Tritt erleben. Die große, weitgehend unzerstörte Altstadt ist ein echtes touristisches Alleinstellungsmerkmal. Schon Luther hob dabei die vielen Kirchtürme der „Erfordia turrita" als Besonderheit hervor. Unter den noch immer mehr als 20 Sakralbauwerken gilt das Ensemble von Mariendom und Severikirche auf dem Domhügel als strahlende Stadtkrone. Das Kulturdenkmal von nationalem Rang, unumschränkter Blickfang über den Dächern des alten Erfurt, stieg mit der Wiederentdeckung der mittelalterlichen Blütezeit im 19. Jahrhundert zum Wahrzeichen auf. Gerne stellt sich Erfurt seither in Verbindung mit zwei weiteren historischen Highlights als „Blumen-, Luther- und Domstadt" dar.

Als Denkmal mittelalterlicher Sakralbaukunst kann man den Dom wie ein Lehrbuch der Architekturgeschichte lesen. An Stelle eines frühen Vorgängerbaus, der möglicherweise von Missionar Bonifatius schon 725 als erste Kirche Erfurts veranlasst worden war, entstand von 1154 bis 1182 der romanische Dom. Hieran erinnern die Türme mit ihren Rundbogenfenstern. Beim Bau fand man die Gebeine der Heiligen Adolar und Eoban, zwei Gefährten von Bonifatius, die im Dom beigesetzt und als Schutzpatrone verehrt wurden. Im Spätmittelalter, der Blütezeit Erfurts, erhielt der Dom weitgehend seine heutige Form. 1329 wurde der Domhügel in Richtung Domplatz durch künstliche Aufschüttungen und Steinbögen, sogenannte Kavaten, erweitert. Hierauf entstand von 1349 bis 1372 der Hohe Chor. 1330 hatte man das reich verzierte Triangelportal angelegt. Von 1455 bis 1465 entstand das spätgotische Langhaus.

Zudem besitzt die größte Kirche Erfurts zahlreiche wertvolle Kunstwerke, wie den geheimnisvollen Wolfram, eine lebensgroße romanische Leuchterfigur aus Bronze, die auf die zweite Hälfte des 12. Jahrhunderts datiert wird. Viel beachtete Debatten um seine mögliche jüdische Herkunft konnte der Erfurter Geschichtsverein 2019 mit einer Publikation klären, die die christlichen Wurzeln des Wolframs belegt. Mit der „Gloriosa" kann der Erfurter Dom auch auf die größte freischwingende mittelalterliche Glocke der Welt verweisen. Sie wurde 1497 von Glockengießer Gerhard Wou van Kampen angefertigt. Für eine spektakuläre Reparatur verließ die Glocke 2004 nach einem guten halben Jahrtausend erstmals ihren Turm. Der majestätische Klang der „Glorreichen" ist nur zu besonderen Anlässen zu hören, wie an Neujahr, Ostern, Pfingsten und Weihnachten.

Das herausragende Kulturdenkmal erklärt sich auch aus der Bedeutung seiner einstigen Hausherren. Als Kollegiatstift St. Marien beherbergte der Dom mit seinen Nebengebäuden angesehene Stiftsherren. Diese bildeten als Weltgeistliche ein Stiftskapitel, ohne wie Mönche unter einer strengen Ordensregel zu leben. Die heutige Kathedrale des katholischen Bistums Erfurt blieb bis ins frühe 19. Jahrhundert Sitz dieses Stiftes. Während der Reformationszeit und nochmals während des Dreißigjährigen Krieges konnte sich die protestantische Mehrheit der Erfurter nur kurzzeitig Zugang zum Dom verschaffen. Dieser gilt gleichwohl auch als Lutherstätte. Der Augustinermönch und spätere Reformator hat hier 1507 von Weihbischof Johannes Bonemilch von Laasphe seine Priesterweihe erhalten und als Theologie-Dozent der Universität gewirkt.

Ensemble von Mariendom und Severikirche auf dem Domhügel.

11 Eindrucksvoller Torso

Die Peterskirche auf dem Petersberg

Die romanische Peterskirche war bis zu ihrer Zerstörung 1813 neben dem Domhügel die zweite Stadtkrone Erfurts. Als einstiges sakrales Herzstück des Petersklosters ist der eindrucksvolle Torso heute wieder erlebbar.

Über Jahrhunderte war die romanische Klosterkirche St. Peter und Paul auf dem Petersberg neben Mariendom und Severikirche auf dem benachbarten Domhügel die weithin sichtbare Stadtkrone Erfurts. Der seit 1060 auf dem Petersberg ansässige Benediktinerorden hatte sie von 1103 bis 1147 im Hirsauischen Stil errichtet. Die Kirche wurde zum Ort großer Ereignisse der Reichsgeschichte, wie der Unterwerfung Heinrichs des Löwen unter Kaiser Friedrich Barbarossa 1181. Seit der Schedelschen „Weltchronik" von 1493 mit der ersten Stadtansicht zeigt sich jener imposante Komplex mit den typischen Ordens- und Wirtschaftsbauten samt Klostergarten. Die gewaltige Peterskirche als sakrales Herzstück besaß bis ins ausgehende Mittelalter sogar vier Türme.

Nach der Unterwerfung Erfurts durch den Mainzer Erzbischof 1664 änderte sich das Umfeld des Petersklosters durch die Errichtung der Zitadelle Petersberg.

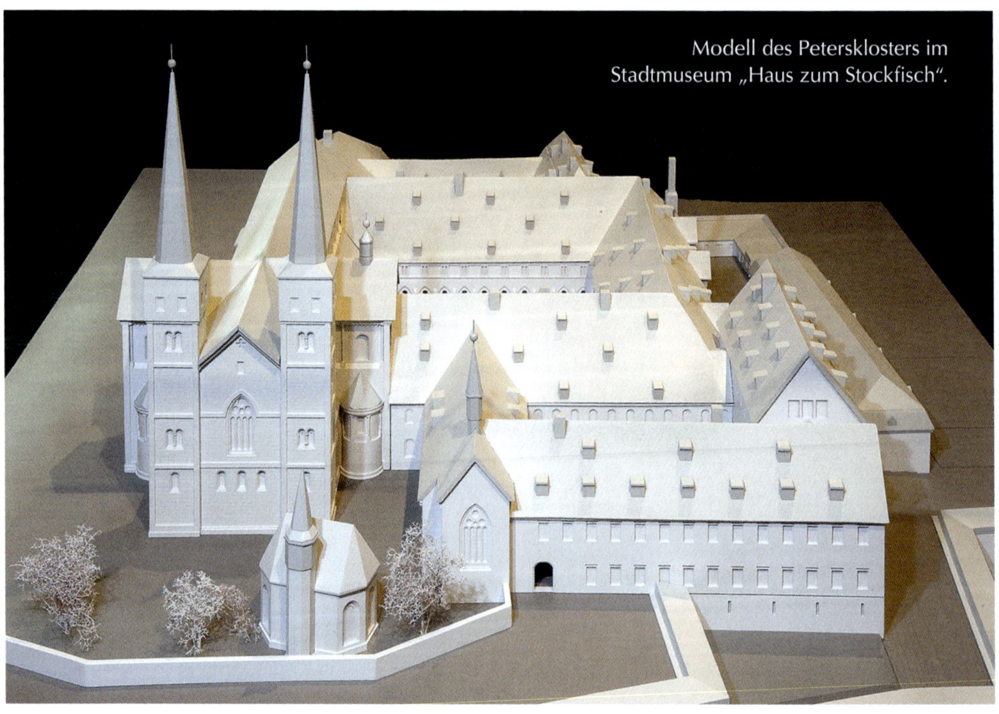

Modell des Petersklosters im Stadtmuseum „Haus zum Stockfisch".

Peterskirche auf dem Petersberg.

Es befand sich nun inmitten gewaltiger Befestigungen. Dass Kirche und Kloster weitgehend aus dem Stadtbild verschwanden, haben die Preußen zu verantworten. Nach Zerstörungen durch den Beschuss der Stadt während der Befreiungskriege am 6. November 1813 rissen sie die Reste des Klosters ab. Die Kirche wurde ihrer Türme beraubt, auf die Hälfte der Höhe zurückgebaut und eine gewaltige Balkenzwischendecke eingezogen. Fortan nutzte man sie als Lagerhaus. Im 20. Jahrhundert kam es zu Bemühungen um das historische Bauwerk. Seit 1905 wirkte eine „Vereinigung für Wiederherstellung der Peterskirche“. 1914 bewilligte die Stadt 60.000 Mark für die Rekonstruktion, die vom Ersten Weltkrieg verhindert wurde. Im Folgenden gab es mehrfach Pläne, die die Kirche und ihr Umfeld einschneidend verändert hätten. Hierzu zählen ein NS-Forum 1942 und der radikale DDR-Stadtumbau der 1960er-Jahre.

Nach 1990 rückte der imposante Torso wieder in den Fokus. Von 1993 bis 2018 war im Untergeschoss das Forum Konkrete Kunst untergebracht, während das Obergeschoss im Sommer für Veranstaltungen diente. In Vorbereitung auf die Bundesgartenschau 2021 wurde die Peterskirche als eines der wichtigsten Kulturdenkmale Thüringens saniert. Dank der Entfernung großer Teile der Balkendecke kann der romanische Raumeindruck wieder nachempfunden werden. Die von vielen Erfurtern begrüßte Idee einer stilisierten Rekonstruktion der Kirchtürme zur Wiederherstellung der einstigen Stadtkrone wurde jedoch nicht aufgegriffen. Eine Renaissance erlebte die Kirche samt der Klosterbauten immerhin als detailliertes Modell im Stadtmuseum „Haus zum Stockfisch“. Im einstigen Kommandantenhaus der Zitadelle Petersberg präsentiert das Petersberg Entree auch die Klostergeschichte.

12 Mystiker und Sprachschöpfer
Meister Eckhart und Erfurt

Der bedeutende Mystiker und Sprachschöpfer Meister Eckhart verbrachte prägende Jahrzehnte als Dominikanermönch, Prior und Ordensprovinzial in Erfurt. Sein Streben nach einem unmittelbaren Zugang zu Gott stieß an die Grenzen der offiziellen Theologie.

Wenn wir heute etwas als mystisch bezeichnen, dann meint das meist dunkel, rätselhaft oder unergründlich. Tatsächlich stammt der Ausdruck Mystik vom altgriechischen „mystikós" bzw. dem lateinischen „mysterium", was so viel wie geheimnisvoll bzw. Geheimnis bedeutet. In der Theologie fasst man unter dem Begriff Mystik Erfahrungen einer göttlichen oder absoluten Wirklichkeit zusammen, wie sie in zahlreichen Religionen anzutreffen sind. Auch große christliche Denker haben sich um solche schwer fassbaren Mysterien bemüht. Schon in der Bibel und bei den Kirchenvätern ist hiervon die Rede. Einer der bekanntesten Mystiker ist der vermutlich aus Tambach-Dietharz stammende Meister Eckhart (um 1260–1328).

Der Mönch und Theologe verbrachte prägende Jahrzehnte in Erfurt. Stadtarchivar Alfred Overmann schrieb 1929: „So darf man wohl Erfurt als die eigentliche Heimat dieses größten und tiefsten Denkers des deutschen Mittelalters ansehen." Nach der Instrumentalisierung durch die Nationalsozialisten als Verkörperung „arischer Rassenseele" und „deutscher Sprachkultur" – die Meister-Eckehart-Straße datiert nicht zufällig ins Jahr 1938 – geriet der Mystiker jedoch in Vergessenheit.

Deshalb widmete ihm das Stadtmuseum „Haus zum Stockfisch" 2003 eine seiner viel beachteten Sonderausstellungen. Allerdings war man sich über deren Wirkung zuvor keineswegs sicher: Was hatte uns der Mystiker heute noch zu sagen? Die Ausstellung wurde jedoch ein überregionaler Erfolg. Auch für viele Erfurter war es eine Wiederentdeckung. Eckhart war um 1275 als Novize ins hiesige Dominikanerkloster eingetreten, wo er bis zum Prior und Ordensprovinzial aufstieg. Die Ausstellung konnte wichtige Dokumente präsentieren, wie seine Erfurter Predigten und die „Reden der Unterweisung" für Novizen des Predigerklosters.

Was aber macht den Mystiker Meister Eckhart aus? Im Zentrum seiner Theologie stand jener unmittelbare kontemplative Zugang zu Gott. Dies war eine geistige Übung, mit der Eckhart an die Grenzen der offiziellen Theologie stieß. Sogar als Ketzer angeklagt, verstarb er 1328 vor Ende des Verfahrens in Avignon. Die Dominikaner wollten auch auf die Stadtbevölkerung religiös einwirken. Deshalb mussten sie als „Predigermönche" deren Sprache sprechen und nicht das in Kirche und Gelehrtenkreisen gebräuchliche Latein. Eckharts Verdienst bestand darin, dass abstrakte geistliche Begriffe nun auch in der Volkssprache

Meister-Eckhart-Portal der Predigerkirche.

ausgedrückt werden konnten. Eine der Neubildungen ist das Substantiv „das Sein“. Typisch ist auch die Übertragung von Begriffen aus der Natur in die Gedankenwelt. So wurde z.B. aus dem „Fluss“ der „göttliche Einfluss“.

An der Wirkungsstätte Meister Eckharts, der Predigerkirche, erinnert seit 1999 ein außergewöhnliches Denkmal an den großen Mystiker und Sprachschöpfer. Der Bildhauer Siegfried Krepp schuf für das Seitenportal an der Predigerstraße eine Bronzeflügeltür. Sie spielt in Text und Gestaltung mit den für die Mystik typischen Metaphern Licht und Finsternis. Neben dem Namen und den Lebensdaten Eckharts wird der Bibelvers nach Johannes 1,1 zitiert: „Das Licht leuchtet in der Finsternis und die Finsternis hat es nicht erfasst.“ Ein Glasstreifen sorgt je nach Tageszeit für Lichteinfall nach innen oder außen. Das auf der Türfläche angedeutete Labyrinth mag für den schwierigen Erkenntnisprozess und Lebensweg Eckharts stehen, der fast auf dem Scheiterhaufen geendet hätte.

13 Jüdisches Welterbe
Synagoge, Schatz und Mikwe

Das jüdische Erbe Erfurts rund um die älteste Synagoge Mitteleuropas zählt zum UNESCO-Weltkulturerbe. Die Wiederentdeckung von Synagoge, Erfurter Schatz und Mikwe liest sich wie ein archäologischer Krimi.

Das Museum Alte Synagoge mit dem Erfurter Schatz gehört zu den Kultureinrichtungen von internationalem Rang. Seine Eröffnung im Jahr 2009 sorgte für großes Medieninteresse und hat viel Anerkennung in der Fachwelt erfahren. Und das aus gutem Grund: Mit ihren frühesten Bauteilen aus dem 11. Jahrhundert ist sie die älteste bis zum Dach erhaltene Synagoge in Mitteleuropa und einer der ganz wenigen noch vorhandenen jüdischen Kultbauten des Mittelalters. Der Erfurter Schatz wiederum ist in Umfang und Zusammensetzung einmalig. Mit einem Gesamtgewicht von etwa 28 Kilogramm umfasst er Münzen, Schmuckstücke und Geschirr aus Gold und Silber. Das herausragende Stück ist ein goldener jüdischer Hochzeitsring.

Zur Alten Synagoge mit ihrem Schatz kommt die Mikwe an der Krämerbrücke hinzu. Das rituelle Tauchbad wurde bis zur endgültigen Vertreibung der jüdischen Gemeinde im 15. Jahrhundert genutzt. 2007 hatte man es zufällig beim Einsturz der Ufermauer der Grünanlage entlang der Gera wiederentdeckt und mit einem modernen Schutzbau versehen. Jenes Ritualbad war mit Synagoge und Friedhof unerlässliches Element einer Gemeinde. Zusammen mit weiteren herausragenden Denkmalen wie dem „Steinernen Haus“ am Benediktsplatz, einem Profanbau mit einst jüdischen Besitzern, gelangte das in dieser umfassenden Form einzigartige Jüdisch-Mittelalterliche Erbe Erfurts 2023 auf die UNESCO-Weltkulturerbeliste.

Das außergewöhnlich große und prächtige Bauwerk der Alten Synagoge verweist auf die Bedeutung der jüdischen Gemeinde vom 11. bis 14. Jahrhundert. Als einer der größten des Reiches gehörten ihr angesehene Kaufleute und Gelehrte an. Freilich unterlag sie den gleichen Anfeindungen, denen alle Juden im christlich geprägten Mittelalter ausgesetzt waren. Der blutige Pogrom von 1349 löschte dann vermutlich die gesamte Gemeinde aus. Bittere Ironie der Geschichte ist es, dass ausgerechnet dieser Pogrom die Alte Synagoge vor der Zerstörung – spätestens durch die Nationalsozialisten – bewahrt hat. Über Jahrhunderte als Lagerhaus, Kneipe, Ballsaal und Kegelbahn genutzt, wurde sie als solche erst nach 1989 wiederentdeckt und saniert. Den Erfurter Schatz traf ein ähnliches Schicksal. Er war vermutlich von einem jüdischen Händler 1349 während des Pogroms in seinem Haus in der Michaelisstraße versteckt worden und dort erst 1998 bei Bauarbeiten wieder aufgetaucht. Die Berichte der Archäologen, Denkmalpfleger und Historiker aus jener Zeit lesen sich wie Krimis.

Die Alte Synagoge vermittelt heute ein anschauliches Bild der jüdischen Gemeinde des Mittelalters. Im Erdgeschoss wird die Bau- und Nutzungsgeschichte thematisiert, wobei das Gebäude selbst als wichtigstes Exponat fungiert. Anhand seiner Geschichte kann die Entwicklung der Gemeinde Erfurts aufgezeigt werden. Der Schatz wird in den Kellergewölben präsentiert. Im Obergeschoss mit dem ehemaligen Ballsaal, einst verbunden mit der Traditionsgaststätte „Zur Feuerkugel", werden jüdische Schriften und Dokumente gezeigt. Hier finden auch die beliebten Erfurter Synagogenabende statt, ins Leben gerufen von der Stadt Erfurt und vom Erfurter Geschichtsverein. Vor dem Gebäude verweisen alte Grabsteine auf den ehemaligen Friedhof in der Großen Ackerhofsgasse. Erfurt besitzt so neben einer Reihe weiterer Zeugen mit der Alten Synagoge ein jüdisches Kulturdenkmal von internationaler Bedeutung. Zugleich hat sich im 19. Jahrhundert und erneut nach der NS-Diktatur wieder jüdisches Leben in Erfurt entfaltet.

Alte Synagoge in der Waagegasse.

14 Barbarossa und der Latrinensturz
Große Reichsgeschichte in Erfurt

Die Quasi-Reichsstadt Erfurt war Schauplatz großer Ereignisse der Reichsgeschichte, wie der Unterwerfung Heinrichs des Löwen unter Kaiser Barbarossa 1181. Aber auch der „Erfurter Latrinensturz“ drei Jahre später sorgte für Aufsehen.

Die wohlhabende Quasi-Reichsstadt Erfurt stand der kaiserlichen Zentralgewalt sehr nahe. Hiervon zeugen große Ereignisse der Reichsgeschichte, die in ihren Mauern stattfanden. So musste sich am 11. November 1181 Reichsfürst Heinrich der Löwe Kaiser Friedrich Barbarossa beugen. Zuvor hatte der Welfe die Gefolgschaft für die Italienzüge des Staufers versagt. Der Kniefall erfolgte vermutlich in der imposanten romanischen Kirche des Petersklosters auf dem Petersberg. So zeigt es jedenfalls eines der historistischen Wandbilder aus dem späten 19. Jahrhundert im Rathausfestsaal.

Der Reichstag 1181 war aber nur eine von vielen Versammlungen und Synoden in Erfurt. Rudolf von Habsburg diente das Peterskloster 1289/90 sogar für mehrere Monate als königliche Residenz. Im Mittelpunkt seines Reichstages stand der Landfrieden in Thüringen. Kleine Adelige, die im Schatten der großen Fürsten und aufstrebenden Städte zunehmend verarmten, sahen einen Ausweg im Ausrauben von Kaufleuten und Dörfern. Von diesen Raubrittern wurden der König und Erfurt als wichtigste Handelsstadt der Region herausgefordert. Die Truppen von König und Bürgerschaft zerstörten daraufhin gemeinsam über 60 Raubritterburgen. Dies stärkte den Ruf Rudolfs als Kämpfer für einen allgemeinen Landfrieden. Für Erfurt war so ein Störfaktor des aufblühenden Handels beseitigt.

Es waren aber vor allem die Aufenthalte Barbarossas, die in der Erinnerung der Bürger der mittelalterlichen Handels- und Kulturmetropole haften blieben. Das spektakuläre Ereignis von 1181 ist vom deutschen Nationalismus später gerne aufgegriffen worden. Im Geschichtsverständnis des Kaiserreiches von 1871 spielte es eine wichtige Rolle. Nicht nur die Erfurter haben den Triumph Kaiser Rotbarts voller Stolz in ihrer Bildergalerie festgehalten. Auch in der Ende des 19. Jahrhunderts restaurierten Kaiserpfalz zu Goslar findet sich diese Szene. Höhepunkt des Barbarossa-Kultes wurde das 1896 eingeweihte gewaltige Kyffhäuserdenkmal. Aber auch an der Fassade des Erfurter Rathauses fand sich von 1876 bis 1950 ein Standbild des sagenumwobenen Kaisers.

Nur drei Jahre nach dem Reichstag Barbarossas, mit dem eine der großen Rivalitäten des Mittelalters ihr Ende fand, machte die Stadt erneut mit einem ebenso spektakulären wie anrüchigen Ereignis von sich Reden – dem „Erfurter Latrinensturz“ 1184. König Heinrich VI., Sohn und späterer Nachfolger Kaiser Barbarossas, hielt in diesem Jahr einen

Heinrich der Löwe kniet vor Kaiser Friedrich Barbarossa in der Peterskirche 1181, Wandbild im Erfurter Rathausfestsaal.

Hoftag ab. Er versuchte dabei einen Streit zwischen Erzbischof Konrad I. von Mainz und Landgraf Ludwig III. von Thüringen zu schlichten. Am 26. Juli saß der König mit großem Gefolge im zweiten Stockwerk eines Gebäudes im Marienstift zu Rate, als der morsche Boden unter der ungewöhnlichen Last zusammenbrach. Der versammelte Hochadel stürzte in die Tiefe. Da auch das Erdschoss nicht standhielt, fielen die Herabstürzenden in die darunterliegende Abtrittsgrube. Nach zeitgenössischen Chroniken fanden bis zu 60 Menschen einen kläglichen Tod in den Fäkalien. König Heinrich saß in einer gemauerten Fensternische und konnte mit Leitern in Sicherheit gebracht werden.

15 Älteste und (fast) jüngste Universität
Die Alma Mater Erfordensis

1379 erhielt Erfurt das erste Gründungsprivileg für eine Universität im heutigen Deutschland. Hier holte sich auch Martin Luther sein akademisches Rüstzeug. Mit der Wiedergründung 1994 war sie zugleich einige Jahre die jüngste in Deutschland.

Erfurt ist Sitz der ältesten und (fast) jüngsten Universität Deutschlands. Das mag auf den ersten Blick wie ein paradoxer Werbeslogan klingen. Jene Feststellung verweist aber vielmehr auf die lange und wechselhafte Geschichte jener Hohen Schule an der Gera, der Hierana. Sie gilt mit ihrem päpstlichen Gründungsprivileg von 1379 als die älteste Universität vor Heidelberg (1385) und Köln (1388) – ein echtes historisches Highlight. An der mittelalterlichen Volluniversität wurde an allen vier üblichen Fakultäten gelehrt: Philosophie, Medizin, Jura und Theologie. Im 15. Jahrhundert gehörte die „Alma Mater Erfordensis" zu den renommiertesten und meistbesuchten Universitäten Mitteleuropas.

Das Zepter der alten Universität gehört zu den besonderen Schätzen im Stadtmuseum „Haus zum Stockfisch".

Mit der Wiedergründung 1994 galt Erfurt zugleich einige Jahre auch als jüngste Universität Deutschlands - heute ist dies allerdings Koblenz (2023). Wie kam es hierzu? Zwischen dem spätmittelalterlichen Bildungszentrum, an dem Martin Luther von 1501 bis 1505 seine geistigen Grundlagen legte, und dem ambitionierten Reformprojekt der jüngsten Vergangenheit liegt viel Schatten bis hin zur Schließung der Universität durch die Preußen 1816. Aber ihr Andenken blieb stets lebendig, zumal in den 1950er-Jahren mit dem Philosophisch-Theologischen Studium, der Pädagogischen Hochschule und der Medizinischen Akademie wieder akademisches Leben in Erfurt einzog.

Die Universität Erfurt verbindet so jahrhundertealte Tradition mit lebendiger Gegenwart. Im Stadtbild verdichtet sich dies im historischen Hauptgebäude Collegium maius in der Altstadt und im modernen Campus an der Nordhäuser Straße. Auf Letzterem fusionierte die wiedergegründete Universität mit der dort seit 1953 ansässigen Pädagogischen Hochschule. Für das Nebeneinander von gestern und heute steht auch das Kulturzentrum Engelsburg als einstige Heimstatt des bedeutenden Erfurter Humanistenkreises um „Poetenkönig" Helius Eobanus Hessus, der an den

Das Collegium maius mit seinem imposanten gotischen Kielbogenportal war einst das Hauptgebäude der Universität Erfurt.

„Dunkelmännerbriefen" (1515/17) mitschrieb. Zum Flair der Hochschulstadt Erfurt trägt auch die Fachhochschule bei.

Und schließlich ist die Universität Erfurt eine echte Bürgeruniversität. Ihre Gründung ging zum einen vom Stadtrat der mächtigen Mittelaltermetropole aus, während die meisten anderen frühen Universitäten von Fürsten ins Leben gerufen wurden. Zum anderen gab die heutige Universitätsgesellschaft Erfurt den Anstoß für die Wiedergründung durch den Freistaat Thüringen. Jene 1987 gegründete DDR-Bürgerbewegung verlieh darüber hinaus auch der Friedlichen Revolution 1989 wichtige Impulse. Ein bleibendes Verdienst der heute als Förderer der Universität aktiven Gesellschaft ist die Initiative zur Wiedererrichtung des Collegium maius. Das einstige Herzstück des nach der mittelalterlichen Gelehrtensprache benannten „lateinischen Viertels" rund um die Michaelisstraße war bei einem Luftangriff 1945 zerstört worden. 2011 konnte hier das Kirchenamt der Evangelischen Kirche für Mitteldeutschland einziehen.

16 Dunkelmänner
Der Erfurter Humanistenkreis

Erfurt galt mit dem Kreis um „Poetenkönig" Helius Eobanus Hessus in der „Engelsburg" als ein wichtiges Zentrum des Humanismus. Aus ihm ging mit den „Dunkelmännerbriefen" 1515/17 eine einzigartige Satire hervor.

Die Universität Erfurt galt um 1500 als eine der angesehensten Bildungsstätten Mitteleuropas. Sie ist somit nicht zufällig eng mit der großen geistigen Erneuerungsbewegung des Humanismus auf der Schwelle zur Neuzeit verbunden. Diese wurzelte in der Renaissance, welche sich die „Wiedergeburt" der griechisch-römischen Antike zum Ziel gesetzt hatte und das Bild vom Menschen grundlegend veränderte. Der individuelle, sich durch Bildung entfaltende Mensch – menschlich heißt auf Lateinisch „humanus" – stand im Mittelpunkt. Erfurt erlebte seinen Höhepunkt als Humanisten-Hochburg mit dem Kreis um Helius Eobanus Hessus im „Haus zur Engelsburg" von 1514 bis 1526. Der angesehene „König der Poeten" scharte dort Gleichgesinnte um sich, man zechte, las sich seine lateinischen Dichtungen vor und pflegte eine mal mehr, mal weniger tiefsinnige Geselligkeit.

Weltweite Bekanntheit hat der Erfurter Humanistenkreis mit den „Dunkelmännerbriefen" erlangt. Die „Epistolae obscurorum virorum", erschienen in zwei Teilen 1515 und 1517, sind eine der treffendsten Satiren gegen die verknöcherte Philosophie und den lasterhaften Klerus des ausgehenden Mittelalters. Sie entstanden während eines Streits des Humanisten Johannes Reuchlin mit der Universität Köln. Reuchlin hatte als Kenner der hebräischen Sprache die vom konvertierten Kölner Juden Johannes Pfefferkorn geforderte Verbrennung aller jüdischen Schriften abgelehnt. Hieraus versuchte man ihm einen Strick zu drehen. Nachdem ihm sogar ein Ketzerprozess drohte, veröffentlichte Reuchlin 1514 „Briefe berühmter Männer" an seine Person, die ihn entlasten sollten.

Die „Dunkelmännerbriefe" schienen nun das Gegenstück seines Kontrahenten Ortwin Gratius zu sein, Magister der Theologie zu Köln. Freilich handelt es sich um fingierte Briefe, die Unbildung und lose Moral der Humanisten-Gegner

Helius Eobanus Hessus.

Druck einer Gesamtausgabe der „Dunkelmännerbriefe" von 1557 im Stadtmuseum „Haus zum Stockfisch".

ironisch anprangern. Diese haben sprechende Namen wie Dollenkopf, Fotzenhut, Gänseprediger und schreiben ein fürchterliches Küchenlatein. Gespickt ist der Text mit Anspielungen auf die Reuchlin-Kontroverse, auf die nationalen Interessen Deutschlands gegenüber dem Papst und nicht zuletzt mit derben Schilderungen aus dem Bereich des Geschlechtlichen.

Viele Dunkelmänner tun sich mit Beziehungen zu Mägden, Köchinnen, Ehefrauen und Nonnen hervor. Ein Kölner Magister schreibt über seinen Begleiter auf dem Weg nach Rom: „Auch müsst Ihr wissen, Magister Ortwin, dass ich in meinem Leben noch keinen so wollüstigen Menschen gesehen habe: jedes Mal wenn wir eine Herberge betraten, war sein erstes Wort an den Diener des Wirtes: ‚Mein lieber Diener, gibt es nichts zwischen die Kniee? Mein Zipfel steht mir so hart, dass ich ganz gewiss Nüsse damit aufklopfen könnte.'"

Die „Dunkelmännerbriefe" hatten durchschlagenden Erfolg und wurden als Sieg der Humanisten gefeiert. Ihre Widersacher waren dem Gelächter ausgeliefert und alle Versuche, mit gleicher Münze zurückzuzahlen, scheiterten kläglich. Es wird sich allerdings wegen der strikten Anonymität die Frage nach den Autoren der „Dunkelmännerbriefe" wohl nie endgültig klären lassen. Bezüge zum Erfurter Humanistenkreis sind aber deutlich zu erkennen. Die Autorenschaft des Universitätsrektors und Hessus-Freundes Crotus Rubeanus für den ersten Teil steht weitgehend außer Frage. Manche Autoren schreiben das Stück Weltliteratur sogar als kollektive Leistung dem Hessus-Kreis zu.

17 Der sprichwörtliche Rechenmeister
Adam Ries und Erfurt

Adam Ries gilt als der Rechenmeister schlechthin. Er wirkte auch in der renommierten Universitätsstadt Erfurt, wo 1518 und 1522 seine ersten Rechenbücher erschienen. Der Buchdruck hatte hier früh Fuß gefasst.

Haus „Zum schwarzen Horn" mit Adam-Ries-Denkmal.

Adam Ries (oder Riese) gilt als der Mathematiker schlechthin. Der Name kaum eines anderen Wissenschaftlers hat sich derart mit seiner Forschungsdisziplin verbunden. „Das macht nach Adam Ries ...", so wird noch immer gerne das Ergebnis einer Rechenaufgabe präsentiert. Der sprichwörtliche

Rechenmeister lebte einige Jahre in Erfurt, wo seine ersten beiden Rechenbücher 1518 und 1522 veröffentlicht wurden. Gewohnt hat er vermutlich im „lateinischen Viertel“ der Universität rund um das Collegium maius, wohl in der Drachengasse. Ries-Experten schätzen das Wirken an der ältesten Universität im heutigen Deutschland als seine „wissenschaftlich fruchtbarste Zeit“ ein. Erfurt darf sich also mit Fug und Recht als Adam-Ries-Stadt bezeichnen. Auch später blieb Ries dem Wissenschafts- und Druckereizentrum Erfurt eng verbunden. So erschienen in dem Mekka der „schwarzen Kunst“ rund um die Michaelisstraße weitere Auflagen seiner Rechenbücher.

An diese enge Verbindung erinnerte man in Erfurt besonders während des großen Jubiläumsjahres 1992. Seinerzeit galt es, nicht nur 1.250 Jahre Ersterwähnung der Stadt und 600 Jahre Eröffnung der Universität zu feiern, sondern auch den 500. Geburtstag von Adam Ries. Später widmete das Stadtmuseum „Haus zum Stockfisch“ dem Rechenmeister eine seiner populären Sonderausstellungen. Seit 2002 ist Adam Ries in Denkmalform im Stadtbild präsent. Ein dreiteiliges Bronzeensemble aus zwei Schrifttafeln und einer Porträtbüste fand am „Haus zum Schwarzen Horn“ seinen würdigen Platz. Dort befand sich einst die Druckerei von Mathes Maler, der die ersten beiden Rechenbücher von Ries gedruckt hatte.

Das verweist wiederum auf jene wichtige Facette der renommierten Universitätsstadt. Die Erfindung des Buchdrucks durch Johannes Gutenberg um 1450 in Mainz hatte die Verbreitung von Wissenschaft und Bildung revolutioniert und auch die Reformation nachhaltig befördert. Erfurt spielte hierbei eine wichtige Rolle. Die meisten Werkstätten befanden sich im „lateinischen Viertel“. Im „Schwarzen Horn“ schrieben Wolfgang Schenk und Mathes Maler Druckereigeschichte. Dort erschienen die Werke großer Gelehrter wie Nikolaus Marschalk, Jodocus Trutfetter und Bartholomäus Arnoldi. 1524 druckte Maler mit dem „Erfurter Enchiridion“ eines der ersten lutherischen Gesangbücher. Von Erfurt gingen zudem zahlreiche der wirkmächtigen Flugschriften und Bücher Martin Luthers aus.

Doch zurück zu Adam Ries: An der Fassade des geschichtsträchtigen Hauses „Zum schwarzen Horn“ finden sich die Büste des bärtigen Gelehrten aus dem fränkischen Staffelstein sowie eine Schrifttafel mit Lebensdaten, Wappen und historischen Erläuterungen. In den Boden wurde die andere Tafel eingelassen, die als Rechenbrett an das Ries'sche „Rechnen auf der Linie“ erinnert. Dargestellt wird die Jubiläumszahl 1992. Da die Michaelisstraße nicht nur täglich von unzähligen Touristen passiert wird, sondern auch zum Programm fast aller Stadtführungen gehört, wird das zum praktischen Rechnen animierende Denkmal gerne in die Erläuterungen einbezogen. Es ist damit auch eines der lebendigsten der Stadt.

18 Sagenhafte Zeiten
Eulenspiegel und Faust in Erfurt

Die Mittelaltermetropole und Universitätsstadt mit ihren großen Gelehrten wurde auch zum Schauplatz der Sagen um Till Eulenspiegel und Faust. In den vielgelesenen Volksbüchern spielt so manche Episode in Erfurt.

Die Mittelaltermetropole und älteste Universitätsstadt Deutschlands zog neben viel realer historischer Prominenz auch zwei der populärsten Sagengestalten des späten Mittelalters an: Till Eulenspiel und Faust. Beide trieben an der Gera ihr spaßig-wundersames Wesen. Till Eulenspiegel oder Ulenspiegel, wie er wegen seiner niederdeutschen Herkunft auch genannt wird, gilt seit dem ersten Druck des Volksbuches von 1510 als der Narr schlechthin. In seinen Streichen verbirgt sich viel intelligenter Witz, mit dem er den Reichen, Mächtigen und Klugen buchstäblich den Spiegel vorhält.

Der vermutlich um 1300 geborene Wanderer durch die deutschen Lande machte auf der Flucht aus Prag in Erfurt Station. Die Sage berichtet, er habe hier großspurig wissen lassen, „jeglicher Kreatur das Lesen beibringen" zu können. Die Professoren der Erfurter Universität hatten daran berechtigte Zweifel. Till bot ihnen daraufhin eine Wette an, auf die sich die Gelehrten einließen. Er führte einen Esel in den Stall und legte ihm ein altes Liederbuch mit Hafer zwischen den Seiten in die Krippe. Darauf gab der Esel vor dem Umblättern mehrfach die für seine Artgenossen typischen Vokale „I" und „A" von sich. Die Professoren waren blamiert und Till kassierte die versprochene reichliche Belohnung.

Dass zu Lebzeiten Eulenspiegels die Universität noch gar nicht gegründet war, sondern erst ein Generalstudium an Klosterschulen existierte, tut dem Charme der Geschichte keinen Abbruch. Und sie zeigt, dass die Universität Erfurt zur Entstehungszeit des Volksbuches als eine der angesehensten im Reich galt, in der Eulenspiegel beispielhaft die Bildungselite aufzog. 2001 bekam der feinsinnige Narr ein Denkmal in Erfurt. Die Stele mit dem über dem lesenden Esel kauernden Narren fand mit dem Haus „Zur Narrenschelle" hinter dem Rathaus einen idealen Platz. Dort sind heute karnevalistische Narren zu Hause.

Faust, der Gelehrte und Wundertäter, der sich dem Teufel verschrieben hat, fasziniert die Menschen seit jeher. Vom Volksbuch über Goethes Tragödie bis heute wurde der Stoff immer wieder aufgegriffen. Hierzu zählen auch die Wandbilder im Rathaus von 1896. Sie zeigen den Georg oder Johann Faust des 1587 erstmals erschienenen Volksbuches. Er sprach in jener Zeit des Aufbruchs, geprägt von Humanismus und Reformation, viele Menschen an. Der Gelehrte hatte vielerorts spektakuläre Auftritte. So ließ er vor Kaiser Karl V. Alexander den Großen erscheinen. An der Alma Mater Erfordensis hielt er Vorlesungen über

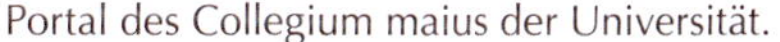

Portal des Collegium maius der Universität.

Eulenspiegel-Denkmal hinter dem Rathaus.

Homer und führte dessen Gestalten den Studenten im Collegium maius wortwörtlich vor Augen.

Im Stadtbild ist Faust im Faustgässchen an der Schlösserstraße präsent, wo er der Sage nach mit Unterstützung des Teufels einen vierspännigen Heuwagen hindurchgelenkt haben soll. Aber auch der historische Faust hielt sich in Erfurt auf. Humanist Mutianus Rufus etwa spricht davon, den „Schwätzer" 1513 in einer Gastwirtschaft gehört zu haben. Hier klingt die Geringschätzung durch angesehene Gelehrte an. Wissenschaft und Kirche sahen in Faust meist einen Ketzer und Scharlatan. Sein mysteriöser Tod 1541 in Staufen lieferte den Anstoß für die Sage vom Teufelspakt. Erst die Dichtung Goethes hat Faust zum typischen Renaissancemenschen stilisiert, erfüllt von grenzenlosem Wissens- und Tatendrang.

19 Dies ist die Gemeinde!
Das „Tolle Jahr" von Erfurt 1509/10

Nach der Blütezeit der autonomen Mittelaltermetropole deutete sich mit dem „Tollen Jahr von Erfurt" 1509/10 erstmals ein allmählicher Niedergang an. Auslöser war die finanzielle Bankrotterklärung des Stadtrates.

„Wer ist die Gemeinde? – Dies ist die Gemeinde!" Das schleuderte Obervierherr Heinrich Kellner auf sich selbst zeigend am 9. Juni 1509 den erzürnten Bürgern entgegen, die den Ratssaal im Alten Rathaus stürmten. So zeigt es eines der großen historistischen Wandbilder im Rathausfestsaal aus dem späten 19. Jahrhundert. In diesen Worten klang das Selbstbewusstsein einer patrizischen Führungsschicht von reichen Kaufleuten und Waidhändlern durch, die über die Geschicke der Stadt weitgehend unumschränkt bestimmten. Allerdings hatten sie die stolze Mittelaltermetropole in den Jahrzehnten zuvor in den Ruin getrieben, was jetzt den Volkszorn erregte. Dieser ging als „Tolles Jahr von Erfurt" in die Geschichte ein.

Die reichsstadtähnliche Autonomie der prosperierenden Handels- und Universitätsstadt hatte im späten 15. Jahrhundert erste Risse bekommen. In den Verträgen von Amorbach und Weimar 1483 musste die Landeshoheit des Mainzer Erzbischofs und die Schutzherrschaft des sächsischen Kurfürsten formal anerkannt werden. Besonders schwer wogen die 200.000 Gulden, die man den Herrschern zu entrichten hatte. Weitere Zahlungsverpflichtungen, hohe Kosten für die Söldner und Stadtbefestigungen sowie wirtschaftliche Schwierigkeiten führten zu einer ausweglosen Verschuldung der Kommune. Nicht zuletzt der 1480 aus strategischen Gründen begonnene Bau der Cyriaksburg auf dem heutigen egapark hatte riesige Summen verschlungen.

Wie noch immer bisweilen Brauch in der Kommunalpolitik, versuchte man dies durch höhere Steuern, Lohnkürzungen und zahlreiche Kredite auszugleichen. 1508 verpfändete man sogar das Reichslehen Wasserburg Kapellendorf für 8000 Gulden an den sächsischen Kurfürsten. Als sich der Bankrott der Stadt nicht mehr verheimlichen ließ, entlud sich die angestaute Wut auf den Rat der reichen Patrizier. Getragen vom Zorn der armen Unterschichten forderten die zünftigen Handwerker Rechenschaft vom Rat und Mitsprache. Im Bild des Rathausfestsaals ist gut zu sehen, wie die Vertreter der Handwerkerschaft die nobel gekleideten Patrizier im Rathaus zur Rede stellen.

Den Obervierherrn Heinrich Kellner, der sich den Eindringlingen entgegenstellte, sollte dies teuer zu stehen kommen. Als Symbolfigur der verhängnisvollen Ratsherrschaft wurde er verhaftet, mehrfach gefoltert und am 28. Januar 1510 am Galgenberg gehängt. Die Turbulenzen taten der geschwächten Kommune nicht gut. Mainz und Sachsen stachelten die erregten Bürgergruppen gegeneinander auf, um ihren Einfluss zu

Wandbild im Rathausfestsaal zum „Tollen Jahr“ 1509.

erweitern. Zudem kam es zu Kämpfen zwischen Bürgern und Studenten, in deren Verlauf das Hauptgebäude der Universität, das Collegium maius in der Michaelisstraße, stark beschädigt wurde. Im „Tollen Jahr“ offenbarte sich erstmals deutlich ein schleichender Abstieg der stolzen Quasi-Reichsstadt. Der sollte sich freilich lange hinziehen und wurde noch durch eine Spätblüte bis zum Dreißigjährigen Krieg aufgehalten. In der gewaltsamen Unterwerfung durch den Mainzer Kurfürsten 1664 fand er dann seinen traurigen Tiefpunkt.

20 Nährende Mutter
Der Student Martin Luther in Erfurt

Der spätere Reformator Martin Luther erhielt an der renommierten Universität Erfurt von 1501 bis 1505 sein akademisches Rüstzeug. Statt aber nach dem Wunsch des Vaters Jurist zu werden, trat er nach dem philosophischen Grundstudium ins Kloster ein.

Wer recht studieren wolle, der gehe nach Erfurt!" – so hat es der reife Martin Luther im Rückblick auf seine Studentenzeit an der „Alma Mater Erfordensis" einmal anerkennend formuliert. Jene Einschätzung hört man auch heute noch gerne an der ältesten und jüngsten Universität Deutschlands. Hier erwarb der spätere Wittenberger Reformator von 1501 bis 1505 sein akademisches Rüstzeug. Oder um es mit Luthers Worten zu sagen: „Die Erfurter Universität ist meine Mutter, der ich alles verdanke." Im Mittelalter bezeichnete man Universitäten in der Bildungssprache Latein auch als „Alma Mater", als „nährende Mutter". Sie nährte die Studenten im metaphorischen Sinne mit Bildung und Wissenschaft.

Der Sohn eines aufstrebenden Mansfelder Bergbauunternehmers schrieb sich im Mai 1501 als „Martinus Ludher ex Mansfeld" im Hauptgebäude der Universität, dem Collegium maius in der Michaelisstraße, in die Studentenmatrikel ein – der erste authentische schriftliche Nachweis seiner Biografie. Danach wählte Luther als Unterkunft die Georgenburse in der Augustinerstraße und musste dort wie jeder Neuankömmling („Beanus") das deftige Ritual der „Depositio beanii" über sich ergehen lassen. Verkleidet als wildes Tier wurde er durch die Entfernung der Eselsohren, Schweinezähne, Hörner und Scheuklappen in den Kreis der Gebildeten aufgenommen – besiegelt durch ein Festmahl.

Das Studium spielte sich seinerzeit weitgehend in den Kollegien und Bursen ab. Die bis zu 1.000 Studenten mussten in solchen klosterähnlichen Studien- und Wohnstätten Quartier nehmen. Die bekannteste Burse der Universität Erfurt ist heute dank Luther die Georgenburse. Ein Brief seines Verwandten Dietrich Lindemann aus dem Jahr 1526 belegt, dass er hier als Bursale (Bursche) lebte: „Grüßt mir unseren Verwandten M. Luther, der als Baccalaureus mich einst zu Erfurt in der Georgenburse einige Tage freundlich aufnahm." Die Georgenburse gehört damit zu den wichtigsten Luther-Erinnerungsstätten.

Zunächst belegte der Neuankömmling die Philosophische Fakultät. Diese erfüllte die Funktion eines Grundstudiums, ehe man eine der drei höheren Fakultäten (Medizin, Recht, Theologie) besuchen konnte. Jeder Student hatte dort die auf die Antike zurückgehenden Sieben Freien Künste, die „septem artes liberales", zu absolvieren. Die meisten Scholaren begnügten sich mit der für eine gehobene berufliche Stellung ausreichenden Fakultät. Auch Martin Luther durchlief den Kanon der Künste, der Artes, die in ein Trivium (Grammatik, Rhetorik, Dialektik)

Luther lebte als Student in der Georgenburse in der Augustinerstraße.

und Quadrivium (Arithmetik, Geometrie, Musik, Astronomie) unterteilt waren. 1502 erreichte er den ersten akademischen Grad eines „Baccalaureus Artium“, 1505 den eines „Magister Artium“. Er bekam sprachlich-philosophisches und naturwissenschaftliches Wissen vermittelt, das auf den Werken antiker Autoren wie Aristoteles und scholastischer Gelehrter beruhte.

Schon mit dem Baccalaureus war Luther verpflichtet, auch als Dozent zu lehren. Er galt als intelligenter Kopf, genoss das frohe Studentenleben und selbstbewusste Auftreten der Akademiker. Noch Jahrzehnte später erinnerte er sich an den feierlichen Moment seiner Magister-Promotion: „Wie war es eine große Majestät, wenn man Magistros promovierte, und ihnen Fackeln vortrug, und sie verehrte; ich halte, dass keine zeitliche, weltliche Freude dergleichen gewesen sei.“ Im Frühjahr 1505 galt es, nach dem Wunsch des Vaters das karriereträchtige Jura-Studium aufzunehmen. Am 2. Juli 1505 ereilte Luther jedoch auf dem Fußmarsch von seinen Eltern in Mansfeld zurück nach Erfurt nahe dem heutigen Vorort Stotternheim ein schweres Gewitter. Zwei Wochen später bekam die Biografie des kommenden Reformators mit dem Eintritt ins Erfurter Augustinerkloster eine Wendung von weltgeschichtlicher Dimension.

21 Urknall der Reformation

Der Mönch Martin Luther in Erfurt

Der Student Martin Luther geriet 1505 bei Stotternheim in ein heftiges Gewitter. Dies gilt als „Urknall der Reformation", trat er doch wenig später als Mönch in das Erfurter Augustinerkloster ein und rang um seine theologischen Einsichten.

Der 17. Juli 1505 gehört zu den großen Daten der Weltgeschichte. Am Morgen jenes Sommertages trat der 21-jährige Student Martin Luther durch die sogenannte Lutherpforte in der Comthurgasse in das Erfurter Augustinerkloster ein. Er sollte sich dort, so Luther selbst, über Jahre der „strengsten Möncherei" unterwerfen.

Das Luther-Denkmal vor der Kaufmannskirche auf dem Anger.

In der spätmittelalterlichen Metropole Thüringens mit ihren religiösen und gesellschaftlichen Spannungen hat der spätere Reformator wichtige Impulse erhalten. Sein Eintritt ins Augustinerkloster wird als entscheidender biografischer Wendepunkt angesehen, mit dem das Ringen um die theologischen Grundeinsichten der Reformation begann. Sie mündeten in die Überzeugung, dass der Mensch nur durch den Glauben an einen gnädigen Gott und nicht durch kirchliche Vermittlung, z.B. durch Ablassbriefe, oder durch gute Taten Erlösung erlange.

Bis heute rätseln die Gelehrten, was es mit dem Stotternheimer Gewittererlebnis vom 2. Juli 1505 auf sich hat. Sicher scheint, dass Luther dort in ein schweres Unwetter geriet und gelobt haben will, ein Mönch zu werden. Diesen Entschluss führte er zum Unwillen des Vaters zwei Wochen später tatsächlich aus. Über viele Generationen hinweg galt der Donner vor den Toren der Stadt Erfurt deshalb den Protestanten gewissermaßen als „Urknall der Reformation". Seit 1917 erinnert ein „Lutherstein" an den vermutlichen Ort des welthistorischen Geschehens.

Durch die „Lutherpforte" betrat Martin Luther am 17. Juli 1505 das Erfurter Augustinerkloster, die „Keimzelle der Reformation".

Heutige Luther-Biografen machen freilich darauf aufmerksam, wie sehr das unstrittig Neue noch in vielerlei Hinsicht im Alten wurzelte. Sie betonen besonders den Umstand, dass sich der junge Luther noch gar nicht so auffällig als Mönch und aufstrebender Ordensfunktionär von seinen Zeitgenossen unterschieden habe. Vieles in der Überlieferung ist Selbststilisierung des reifen Wittenberger Reformators aus 20 oder 30 Jahren Abstand. Deshalb gilt es, auch anachronistische Verweise auf den späteren Kirchenreformer zu vermeiden.

Dies alles schmälert aber keineswegs die Bedeutung Erfurts für das Wirken Luthers, in dessen weitgehend erhaltener Altstadt man in die Zeit des Studenten und Mönches abtauchen kann. Herzstück der Erinnerungskultur ist das Evangelische Augustinerkloster Erfurt, heute eine renommierte Tagungs- und Begegnungsstätte. Sie darf als „Keimzelle der Reformation" gelten. Viele weitere Orte können den Status einer Lutherstätte beanspruchen, etwa das Collegium maius der Universität und die benachbarte Michaeliskirche. Immer wieder hat man auch Denkmale errichtet, vom Bronzestandbild des gestandenen Reformators auf dem Anger von 1889 bis hin zur Bronzestatue des jungen Mönches an der Rathausfassade aus dem 500. Reformationsgedenkjahr 2017.

22 Symbolort der Ökumene
Reformation und Papstbesuch 2011

Die Reformation fiel an Luthers einstiger Wirkungsstätte auf fruchtbaren Boden. Das dauerhafte Nebeneinander von Protestanten und Katholiken ließ Erfurt später bis hin zum Papstbesuch 2011 zu einem Symbolort der Ökumene werden.

Die mit dem legendären Wittenberger Thesenanschlag 1517 einsetzende Reformation fiel in Martin Luthers einstiger Universitäts- und Klosterstadt sofort auf fruchtbaren Boden. Zu den wichtigsten Unterstützern gehörte sein früherer Mitbewohner im Augustinerkloster Johannes Lang, der zum „Reformator Erfurts" wurde. Luther selbst bestärkte mit spektakulären Auftritten und Predigten zwischen 1521 und 1529 Rat, Bürgerschaft und Universität im neuen Glauben. Zudem kündigte die Quasi-Reichsstadt im Zuge des Bauernkrieges 1525 sogar ihrem Landesherrn, dem Mainzer Erzbischof, nun auch formal die Gefolgschaft.

Mit der blutigen Niederschlagung des Bauernkrieges durch die Fürsten veränderten sich jedoch rasch wieder die Machtverhältnisse. Das unabhängige und rein evangelische Erfurt blieb so nur eine kurze Episode. Der Rat schlug jetzt versöhnliche Töne an und suchte den Ausgleich mit dem Erzbischof. Erfurt musste zuvor in „Pfaffenstürmen" vertriebene Geistliche zurückholen, mit denen auch die katholische Konfession wieder in die Mauern der Stadt einkehrte. Der Stadtrat verfolgte fortan eine realpolitische Linie. Sie zielte auf Eintracht der Bürgerschaft und außenpolitische Autonomie. So kam es 1530 im Hammelburger Vertrag zu einer pragmatischen Einigung mit Erzbischof Albrecht von Mainz. Dieser wurde als Landesherr erneut anerkannt und beide Konfessionen wurden toleriert. Das „Tragen auf beiden Schultern", das dauerhafte Nebeneinander von evangelischer und katholischer Konfession, stellt eine Besonderheit der Erfurter Reformation dar.

Dennoch behaupteten die Protestanten ein deutliches Übergewicht. Ihr

Anteil hielt sich stets bei über drei Viertel der Bevölkerung und belief sich seit dem 19. Jahrhundert auf gut 80 Prozent. Der Übergang Erfurts an Preußen 1802/15 stärkte die Position der Protestanten weiter. In der DDR-Zeit hat sich das Verhältnis allerdings deutlich gewandelt. Die Statistik weist heute nur noch rund 20 Prozent bekennende Christen unter den 215.000 Erfurtern auf, davon drei Viertel evangelische. Dennoch konnte sich die Evangelische Kirche über alle Verfolgungen und Schikanen hinweg im totalitären SED-Staat behaupten. Während der friedlichen Revolution 1989 spielte sie als Handlungsträger und Obdach nichtkirchlicher Oppositionsgruppen eine wichtige Rolle.

Mit der Ökumene, der Annäherung der Konfessionen, hat auch das traditionelle „Tragen auf beiden Schultern" in einem über Jahrzehnte kirchenfeindlichen Umfeld eine neue Qualität gewonnen. So begeht man seit 1972 jedes Jahr am 10. November die Ökumenische Martinsfeier auf dem Domplatz. Tausende Erfurter und Gäste der Stadt strömen bei Einbruch der Dunkelheit mit Lampions auf den Domplatz, um „Martini" zu feiern. Dabei gedenkt man sowohl des katholischen Erfurter Stadtpatrons, des heiligen Martins von Tours, als auch Martin Luthers. Zum herausragenden Symbolort der Ökumene wurde Erfurt durch das Treffen von Papst Benedikt XVI. mit dem Ratsvorsitzenden der Evangelischen Kirche in Deutschland Nikolaus Schneider am 23. September 2011 im Augustinerkloster. Auch wenn das Ausbleiben „ökumenischer Gastgeschenke" für einige Enttäuschung gesorgt hat, setzte der Besuch des Papstes in einer der wichtigsten Lutherstätten doch ein weltweit beachtetes Zeichen.

Papst Benedikt XVI. besuchte 2011 die Lutherstätte Augustinerkloster.

23 Der Löwe aus Mitternacht
König Gustav II. Adolf und Erfurt

König Gustav II. Adolf von Schweden galt als „Retter des Protestantismus" im Dreißigjährigen Krieg. Die Erfurter erhofften sich von ihm auch die Befreiung von der Mainzer Landesherrschaft und waren von seinem Tod bei Lützen 1632 sehr betroffen.

Schwedenkönig Gustav II. Adolf galt im Dreißigjährigen Krieg (1618–1648) als „Retter des Protestantismus". Seit seinem Eingreifen neigte sich die Waage zugunsten der Anhänger Martin Luthers. Ab Sommer 1630 zog das schwedische Heer in Norddeutschland von Sieg zu Sieg gegen die Kaiserlichen. Nach wechselndem Kriegsglück auf Schlachtfeldern bis ins südliche Bayern wollte der bewunderte und gefürchtete „Löwe aus Mitternacht" eine Entscheidung herbeiführen. Diese sollte am 16. November 1632 bei Lützen nahe Leipzig stattfinden. Obwohl die Schweden gegen ihren kaiserlichen Widersacher Albrecht von Wallenstein siegten, war dies eine tiefe Zäsur – denn ihr König wurde bei einem Reiterangriff getötet. Der Tod auf dem Schlachtfeld mag zum Mythos Gustav Adolfs nicht wenig beigetragen haben, zumal die Schweden auch weiterhin das Kriegsgeschehen entscheidend mitbestimmten.

Detail des Denkmals.

Jene Vorgänge verfolgten seinerzeit auch die Erfurter mit großer Spannung. Und noch fast drei Jahrhunderte später war Gustav Adolf in der Erinnerung sehr präsent. 1911 setzte man ihm im Beisein des schwedischen Gesandten sogar ein Denkmal vor der Predigerkirche. Die Sandstein-Stele mit zwei Brunnenbecken ehrt den König in unaufdringlicher Weise. Porträtmedaillon, Namenszug, Löwe mit Wappen sowie Vignette mit Bibel und Schwert verzieren den Stein. Hinzu kommt ein umlaufender Schriftzug mit dem Anfang des Lieblingsliedes von Gustav Adolf: „Verzage nicht, Du Häuflein klein, Gott ist mein Harnisch." Mit Bedacht hatte man die Nähe der Predigerkirche gewählt, die seit der Reformation als evangelische Hauptkirche der Stadt galt und von Gustav Adolf gerne besucht worden war.

Erinnert wurde also demonstrativ an den „Retter des Protestantismus". Nach seinem anfänglichen Siegeszug durch Norddeutschland war Gustav Adolf auch nach Erfurt gekommen. Am 2. Oktober 1631 traf er mit seiner Armee am Andreastor ein. Die Straße zum Domplatz war eng gesäumt mit jubelnden Menschen. Vor dem Gasthof „Zur Hohen Lilie“ empfing der Rat den König. Der Jubel der Erfurter hatte auch ganz handfeste Gründe. Denn der Schwedenkönig nährte Hoffnungen, die während der Reformation schon einmal kurzzeitig abgestreifte Landesherrschaft des Mainzer Erzbischofs und Kurfürsten endgültig loszuwerden. Gustav Adolf übernahm alle Herrschaftsrechte und beschenkte die Stadt mit katholischem Kirchengut. Das Erbe Martin Luthers schien sich an dessen einstiger Wirkungsstätte endgültig durchzusetzen.

Am 7. November 1632 hielt Gustav Adolf ein zweites Mal Einzug in Erfurt. Wieder nahm er in der „Hohen Lilie“ Quartier, wo sich Königin Maria Eleonora bereits eingefunden hatte. Von hier aus zog er in seine letzte Schlacht. Die Todesnachricht von Lützen traf nicht nur seine noch immer in Erfurt weilende Gemahlin als schwerer Schicksalsschlag. Das protestantische Lager hatte seine Führungsfigur verloren. Auch die mit ihr verbundenen Hoffnungen der Erfurter sollten sich zerschlagen. Die Rechte des Mainzer Kurfürsten wurden im Westfälischen Frieden 1648 festgeschrieben und die Stadt 1664 endgültig unterworfen. Umso mehr aber blieb Gustav Adolf in der protestantischen Bevölkerungsmehrheit als der „Retter mit dem Schwert“ in Erinnerung.

Gustav-Adolf-Denkmal an der Predigerkirche.

24 Barockes Erbe
Die kurmainzische Provinzstadt

Die Unterwerfung der Quasi-Reichsstadt durch den Mainzer Erzbischof 1664 bildete das Ende eines langen Niedergangs der einstigen Mittelaltermetropole. Jene Epoche hinterließ aber auch ein reiches barockes Erbe.

Mit dem Dreißigjährigen Krieg 1618–1648 beschleunigte sich der schleichende Niedergang der einstigen mittelalterlichen Handels- und Kulturmetropole Erfurt. Die Stadt bekam den verheerenden Krieg zu spüren und vor allem der Handel kam fast völlig zum Erliegen – nicht zuletzt mit dem „blauen Gold“ Waid. Damit verstärkte der Krieg negative Entwicklungen wie die Verlagerung der europäischen Handelswege und den Aufschwung des kursächsischen Leipzigs als neues Handels- und Messezentrum. Zum Kriegsende war der Wohlstand drastisch gesunken, die Einwohnerzahl von 19.000 auf 13.500 gefallen.

Auch der alte Schwebezustand mit weitgehender Autonomie bei formaler Landesherrschaft des Mainzer Kurfürsten ging seinem Ende entgegen. Plünderungen oder gar eine Zerstörung der Stadt konnten immerhin um den Preis hoher

Kontributionen verhindert werden. Lange waren die Schweden die Herren der Stadt (1631–35 und 1637–50). Ihr populärer König Gustav II. Adolf gab sogar den Hoffnungen neue Nahrung, die Mainzer Herrschaft endgültig abzustreifen. Auch nach dem Tod Gustav Adolfs 1632 stellten die Schweden weiter eine künftige Unabhängigkeit als Reichsstadt in Aussicht.

Dies scheiterte jedoch bei den Verhandlungen zum Westfälischen Frieden von Münster und Osnabrück 1648. Nach langjährigen Reibereien musste sich die Stadt im Oktober 1664 nach militärischer Belagerung Kurfürst Johann Philipp von Schönborn beugen. Aus der Quasi-Reichsstadt wurde eine kurmainzische Provinzstadt, die auch wirtschaftlich weiter an Bedeutung verlor. Nach der als „Reduktion" („Rückführung") bezeichneten Unterwerfung herrschte das absolutistische Regiment des Kurfürsten. Gipfel einer Reihe von Zeremonien war die Erbhuldigung von Rat und Bürgerschaft vor den Domstufen am 28. Oktober 1664. Oberste Behörde war fortan die kurmainzische Regierung mit einem Statthalter an der Spitze.

Neben dem 1665 begonnenen Bau der Zitadelle Petersberg waren einige Statthalter auch bestrebt, ihre „Residenz" mit barocken Repräsentionsbauten aufzuwerten. Von 1705 bis 1711 entstand zunächst der Waage- und Packhof am Anger, das heutige Angermuseum. Wenig später folgte die Statthalterei am Hirschgarten, die heutige Thüringer Staatskanzlei. Seit Ende des 17. Jahrhunderts hatte man dort Bürgerhäuser zum Verwaltungssitz umgebaut, während die nahe Wigbertikirche zur Hof- und Begräbniskirche umfunktioniert wurde.

Statthalter Philipp Wilhelm von Boineburg schließlich ließ von 1713 bis 1720 die Statthalterei durch Festungsbaumeister Maximilian von Welsch zur heutigen Vierflügelanlage ausbauen. Dabei wurde das bestehende Renaissancegebäude an der heutigen Regierungsstraße mit einem neuen Mittelrisalit und Barockflügel zu einem harmonischen Ganzen verbunden. Seine schlossartige Wirkung entfaltet es freilich erst mit der davor liegenden Grünanlage. Hierfür sorgte der folgende Statthalter Anselm Franz von Warsberg. Er ließ kurzerhand zwei Häuserzeilen gegenüber von seinem Amtssitz den Eigentümern abkaufen und 1732 abreißen. So entstand mitten in der Stadt die erste künstliche Grünanlage. Ihren Namen Hirschgarten verdankt sie der zeitweiligen Nutzung als Rotwildgehege.

Kurmainzische Statthalterei am Hirschgarten, heute Thüringer Staatskanzlei.

25 Gewaltige Festung
Die Zitadelle Petersberg

Der Petersberg gilt als eine der bedeutendsten barocken Stadtfestungen Europas. Einst vom Mainzer Kurfürsten errichtet, bauten die Preußen die Zitadelle weiter aus. Heute haben sie sich die Erfurter und ihre Gäste erobert.

Besucher aus aller Welt bestaunen das imposante Bauwerk am Rande der Erfurter Altstadt. Auslöser für den Bau der Zitadelle Petersberg war freilich ein weniger erfreuliches Ereignis. Im Oktober 1664 musste sich die einstige Mittelaltermetropole Erfurt nach Jahrhunderten reichsstadtähnlicher Autonomie ihrem Landesherrn beugen, dem Mainzer Kurfürsten Johann Philipp von Schönborn, dessen Wappen über der Torfahrt des Kommandantenhauses prangt. Die neue Zitadelle auf dem Petersberg, für die am 1. Juni 1665 feierlich der Grundstein gelegt wurde, war ein Mittel der Herrschaftssicherung. Lange hat man sie vor allem als innenpolitische Machtdemonstration gewertet. Stadthistoriker Alfred Overmann sprach 1929 von einer „Zwingburg" gegen die Bürgerschaft. Dem bis 1727 fertiggestellten Verteidigungsbau kam aber auch hohe außenpolitische Bedeutung für Mainz und die katholischen Mächte zu. Er sollte ihre Position in Thüringen und mit Blick auf den protestantischen Norden sichern. Hinzu kam die seinerzeit Europa in Atem haltende „Türkengefahr". Mit großem Aufwand entstand so nach Plänen der Baumeister Antonio Petrini und Maximilian von Welsch eine Anlage, die heute ihresgleichen sucht.

Die teure Zitadelle erwies sich bei ihrer ersten Bewährungsprobe im Siebenjährigen Krieg (1756–1763) allerdings als wenig wirkungsvoll. Mehrfach konnten die preußischen Truppen König Friedrichs II. die Stadt besetzen und ihr Umland verwüsten, während sich Mainzer und Kaiserliche auf dem Petersberg nur verschanzten. Je nach Kassenlage gab es zudem immer wieder Klagen über den schlechten Bauzustand. Nach den Wirren der napoleonischen Zeit und dem endgültigen Übergang Erfurts an Preußen 1815 begann für die Zitadelle eine neue Epoche. Erfurt besaß weiterhin hohe strategische Bedeutung. Die „Festung I. Ranges" mit ihren gewaltigen Bastionen sowie den Zitadellen Petersberg und Cyriaksburg sollte nun die Südflanke Preußens sichern. So investierte man bis in die 1830er-Jahre viel Geld. König Friedrich Wilhelm IV. meinte später sogar, die Erfurter Befestigungen wären auch nicht teurer gekommen, hätte man sie in Silber ausgeführt.

Auf dem Petersberg wurde zudem die 1813 beim Beschuss während der Befreiungskriege beschädigte Peterskirche zum Magazin umgebaut. Anstelle der Klostergebäude entstand neben zahlreichen weiteren Militärbauten 1831 die große Defensionskaserne. Im Übrigen besaß diese bis 1913 ein „bombensicheres" Flachdach mit Erdaufschüttung,

Kommandantenhaus der Zitadelle Petersberg.

ehe das zweigeschossige Mansarddach aufgesetzt wurde. Auch nach der Reichsgründung 1871 und der Entfestigung Erfurts blieben die beiden Zitadellen in militärischer Nutzung. Sie wurden so anders als die sonstigen Verteidigungsanlagen der Stadt vor dem Verschwinden bewahrt. Während man später auch an der Cyriaksburg mit dem Rückbau und der Anlage von Grünflächen bis hin zum heutigen egapark begann, erhielt sich der Kern der Zitadelle Petersberg. In den 1960er-Jahren begann ihre kulturell-touristische Erschließung. Zugleich wurden Pläne für gigantische Neubauten im Rahmen des sozialistischen Stadtumbaus nicht umgesetzt. Damit war nach 1990 der Weg für eine weitgehende Rekonstruktion durch die verdienstvolle Bauhütte Petersberg frei. Wichtige Impulse brachten zuletzt die Vorbereitungen auf die Bundesgartenschau 2021, für die der Petersberg eine aufwendige Frischzellenkur erhielt. Seine Geschichte wird im „Petersberg Entree“ im Kommandantenhaus präsentiert. Die Defensionskaserne entwickelt sich zum kulturellen Innovationsort.

26 Die Stadt der „Bache"
Johann Sebastian Bach und Erfurt

Beinahe hätte sich Erfurt Geburtsstadt des großen Barockmusikers Johann Sebastian Bach nennen können. Sein Vater war hier Stadtmusikant und heiratete 1668 eine Bürgerstochter, zog dann aber nach Eisenach und durfte nicht zurückkehren.

Johann Sebastian Bach (1685–1750) gilt als einer der bedeutendsten Komponisten aller Zeiten. Nur knapp ist Erfurt der Ruhm entgangen, sich Geburtsstadt dieses musikalischen Genies der Barockzeit nennen zu dürfen. Bach stammte aus einer in Thüringen weitverzweigten evangelischen Musikantenfamilie mit kräftigem Ableger an der Gera. Sein Großvater Christoph wirkte von 1642 bis 1654 als Stadtmusikant in Erfurt. Diese Tradition führte auch Bachs Vater Johann Ambrosius zunächst fort. Der Ratsbedienstete erhielt ein festes Einkommen und baute sich eine bürgerliche Existenz auf. Am 8. April 1668 heiratete er in der Kaufmannskirche die Kürschnermeister-Tochter Elisabeth Lämmerhirt, Bachs Mutter. Die Feierlichkeiten im großen Familienkreise wurden natürlich von den Verwandten selbst musikalisch umrahmt, man tanzte ganz im Zeitgeschmack Gavotten und Menuette. Die junge Familie mit den rasch folgenden älteren Brüdern Johann Sebastians wohnte beim Schwiegervater Valten Lämmerhirt am Junkersand.

Herzog Johann Georg I. von Sachsen-Eisenach trägt die Schuld daran, dass Johann Sebastian Bach dennoch kein gebürtiger Erfurter wurde. 1671 war Bachs Vater samt Familie nach Eisenach umgezogen, um am Hofe des Kleinstaatenfürsten als Trompeter zu musizieren und die Stadtpfeifer zu unterstützen. Die Motive hierfür sind nicht mehr sicher zu ergründen. Auf Dauer sollte es Johann Ambrosius Bach aber nicht in Eisenach gefallen. Im Herbst 1684 lehnte der Herzog jedoch sein Ersuchen ab, aus dem Hofdienst entlassen zu werden und als Direktor der Stadtmusikanten nach Erfurt zurückkehren zu dürfen. So erblickte Johann Sebastian Bach am 21. März 1685 in Eisenach und nicht in Erfurt das Licht der Welt.

Der Willkürakt des Eisenacher Duodez-Monarchen wirkt bis heute nach, gilt doch die Wartburgstadt mit ihrem Bachhaus neben Leipzig als bedeutendster historischer Bach-Erinnerungsort. Deshalb gilt es aber umso mehr auf die engen biografischen Verknüpfungen des großen Barockmusikers mit Erfurt hinzuweisen. Als Stammvater der hiesigen Bach-Linie gilt Johann Bach, der 1635 die Familientradition als Erfurter Stadtmusikanten und Organisten begründete. Dienstgeschäfte führten aber auch Johann Sebastian Bach später zu Besuchen in die Stadt seiner Verwandten, etwa zur Abnahme der neuen Orgel in der Augustinerkirche 1716. Der anschließende „Orgelschmaus" in einem Gasthaus am Anger war eine von vielen Gelegenheiten, bei denen sich die musikalische Familie der „Bache“ in großer Runde traf.

Erfurt kann sich also mit einigem Recht auch eine Bachstadt nennen. Neben der Kaufmannskirche, in der sich seine Eltern das Ja-Wort gaben, gelten die sogenannten Bach-Häuser am Junkersand 1 bis 3 als wichtigster historischer Erinnerungsort. Sie sind heute mit einer Gedenktafel versehen, die auf ihre große kulturgeschichtliche Bedeutung hinweist. Hier lebte übrigens neben Bachs Eltern von 1678 bis 1690 auch der Komponist Johann Pachelbel, seinerzeit Organist an der Predigerkirche und Bekannter der „Bache“. Seine Tochter Amalie Pachelbel, talentierte Malerin und Kupferstecherin, gab Anfang des 18. Jahrhunderts das erste Stickmusterbuch heraus. Ihr ist ebenfalls eine Gedenktafel gewidmet.

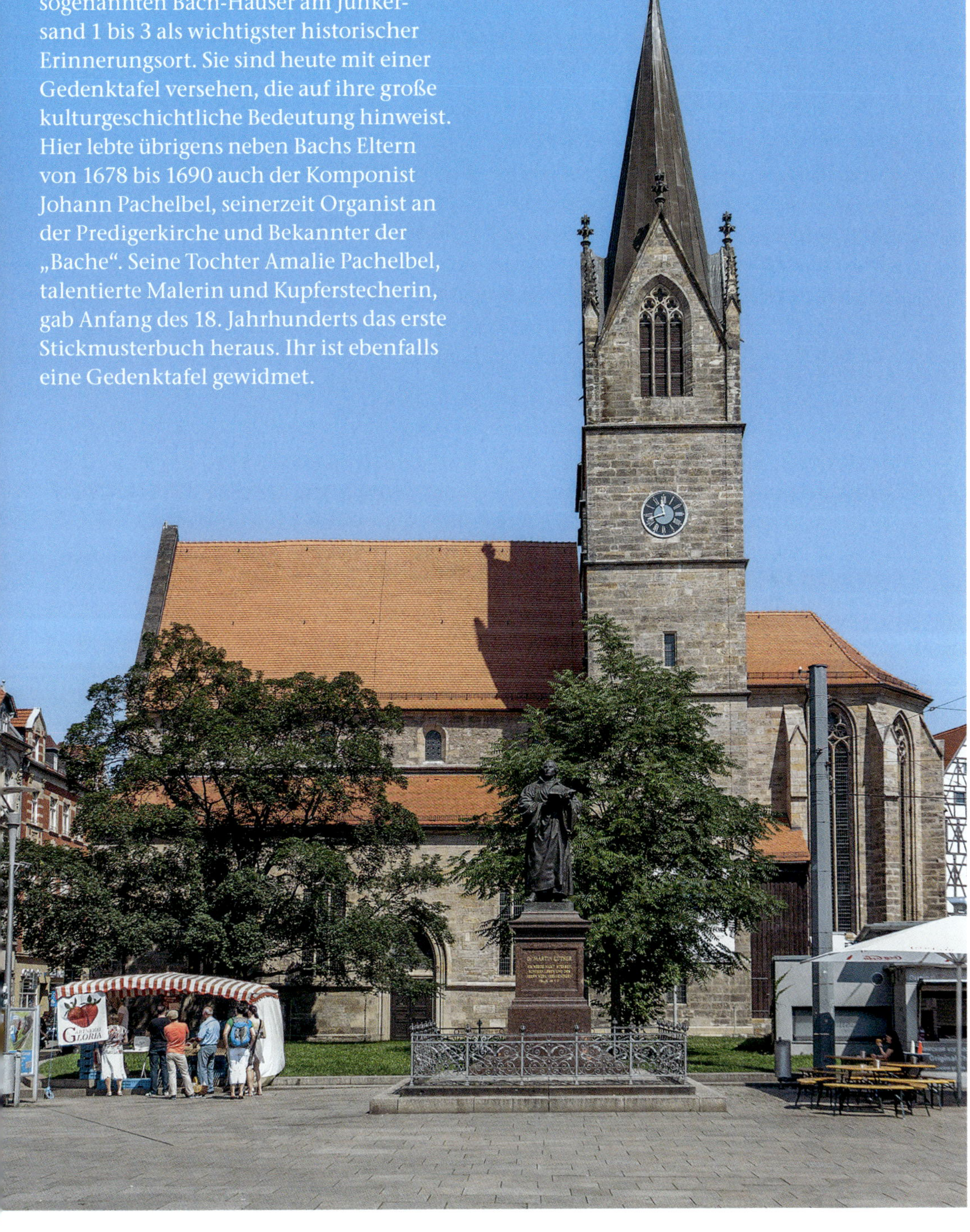

In der Kaufmannskirche wurden 1668 Johann Sebastian Bachs Eltern getraut.

27 Die Dalbergzeit
Erfurt und die Weimarer Klassiker

Carl Theodor von Dalberg war der letzte und bedeutendste kurmainzische Statthalter in Erfurt. Von 1772 bis 1802 beförderte er das Kulturleben und zog die großen Geister aus Weimar um Goethe und Schiller in seinen Kreis.

Der bedeutendste unter den kurmainzischen Statthaltern war der spätere Erzbischof und Fürstprimas des Rheinbundes, Karl Theodor von Dalberg. Der 27-jährige Spross eines kaiserlichen Kammerherrn stürzte sich 1772 in Erfurt voller Enthusiasmus in sein erstes großes Amt, das er immerhin drei Jahrzehnte bis zu seinem Aufstieg zum Erzbischof 1802 innehatte. Der kultivierte Vertreter des aufgeklärten Absolutismus lebte seine Vorstellungen einer humanen, der Wohlfahrt der Untertanen dienenden Herrschaft aus. Dalbergs Einstand war symptomatisch. Als in der Nacht des 2. Oktober 1772 ein Feuer in der Johannesstraße ausbrach, eilte der neue Statthalter sofort zum Ort des Geschehens. Er leitete die Löschaktion, so der Chronist Constantin Beyer, „bis das Feuer gänzlich gelöscht war".

Der bürgernahe Vertreter des Kurfürsten erwarb sich rasch die Achtung der Erfurter. Seine Haltung schlug sich in einer Reihe von sozialen und wirtschaftspolitischen Maßnahmen nieder. Freilich konnte auch er die einstige Handelsmetropole nicht aus ihrer tiefen Provinzialität herausholen. Dennoch schwärmte nicht nur Zeitgenosse Beyer von einem „Genius, den der Himmel uns zum Segen sandte". Dies erklärt sich vor allem durch Dalbergs Wirken im kulturellen Bereich. So versuchte er der Aufklärung an der in die Jahre gekommenen Universität Geltung zu verschaffen. Am deutlichsten lässt sich Dalbergs Geist an seinen „Assembleen" ablesen. Jeden Dienstag lud er alle „anständig gekleideten" Bürger und Gäste der Stadt zu geselligen Empfängen in die Statthalterei am Hirschgarten ein. Dort tummelten sich bunt durcheinander Adlige, Bürger, bekannte Staatsmänner und Künstler.

Seine Ausstrahlung verdankte der Erfurter Dalberg-Kreis nicht zuletzt der Nachbarschaft zur Residenzstadt Weimar, die in jener Zeit ihr „Goldenes Zeitalter" der klassischen deutschen Literatur um „Dichterfürst" Johann Wolfgang Goethe erlebte. Goethe zog es seit 1776 als Gesandten von Herzog Carl August oft nach Erfurt, woran das einstige herzogliche Geleitshaus neben der Statthalterei erinnert. Zwischen ihm und seinen Schriftstellerfreunden entwickelte sich eine enge Beziehung zu Dalberg. Neben Goethe stand auch Friedrich Schiller Dalberg sehr nahe, auch wenn dieser ihm nicht die erhoffte sichere Existenz in Erfurt verschaffen konnte. Schauplatz wichtiger Aufführungen der Werke von Goethe und Schiller war das Universitätsballhaus in der Futterstraße, der heutige Kaisersaal, wo auch Goethes Weimarer Hofschauspieler auftraten. So entstand hier das erste feste Theater der Stadt.

Im herzoglichen Geleitshaus (Mitte) neben der kurmainzischen Statthalterei (rechts) war Goethe häufig zu Gast.

Die Dalbergzeit bildete den von der schillernden Statthalter-Persönlichkeit überstrahlten Abgesang der kurmainzischen Epoche. Diese endete in der von der Französischen Revolution ausgelösten großen Umbruchphase mit dem Übergang an Preußen 1802. Die heutige Geschichtsschreibung mag nüchterner über Dalbergs Amtszeit urteilen als einst Chronist Beyer. Sie hebt sich aber doch deutlich von der übrigen Zeit ab, als Erfurt eine stagnierende Provinzstadt war. Bis heute spielt die Erinnerung an die kulturellen Impulse von Dalberg eine wichtige Rolle. Die engen Kontakte zum klassischen Weimar und seinen Protagonisten um Goethe und Schiller sind nicht vergessen. Ohne jene späte „Zopfzeit“ zu verklären, kann man sie mit zu den Highlights der Stadtgeschichte zählen.

28 Haus voller Kultur
Das Haus Dacheröden

Das „Haus Dacheröden“ erhielt in der Dalbergzeit einen festen Platz in der deutschen Kulturgeschichte. Neben Goethe und Schiller war auch Wilhelm von Humboldt zu Gast, der hier 1791 Caroline von Dacheröden heiratete.

Das „Haus Dacheröden“ am Anger gehört zu den prächtigsten Renaissancebauten der Stadt. Es sticht in der stark vom Historismus der Gründerzeit geprägten Flaniermeile deutlich heraus. Mit den ältesten Bauteilen von ca. 1300 kann es auf eine bewegte Geschichte zurückblicken. Dabei hat es viele Besitzer gesehen, diente als Heimstatt wohlhabender Waidhändler und Biereigen. Seit 1814 gehörte es der einflussreichen Textilunternehmer-Familie Lucius, weshalb man vor 1945 meist vom „Lucius-Haus“ sprach. Noch zu DDR-Zeiten begann 1986 die Nutzung für kulturelle Zwecke. 2006 geriet das gerade sanierte Haus in die Schlagzeilen, als der Dachstuhl ausbrannte. Mittlerweile erstrahlt die Perle des westlichen Angers jedoch wieder in alter Pracht. Seit 2017 wird das „Kultur: Haus Dacheröden“ vom Verein „Erfurter Herbstlese“ betrieben, der für ein lebendiges Kulturleben sorgt.

Seinen festen Platz in der deutschen Kulturgeschichte erhielt das Haus in der Dalbergzeit des späten 18. Jahrhunderts mit seinen intensiven Kontakten zum klassischen Weimar. Eine Gedenktafel verweist auf jene Blütezeit. Es fallen dort die Namen Goethe, Schiller und Wilhelm von Humboldt. Der Hausherr, Gastgeber der Geistesgrößen, Akademie-Präsident und Vater besagter Humboldt-Gattin wird allerdings nicht erwähnt: Karl Friedrich von Dacheröden. Er war von 1774 bis zu seinem Tode 1809 der Herr des stattlichen Hauses.

Dacheröden gehörte zum Kreis des kurmainzischen Statthalters Karl Theodor von Dalberg, mit dem er etwa die Wiederbelebung der Akademie gemeinnütziger Wissenschaften betrieb. Der Freund Dalbergs rückte 1785 sogar zum Präsidenten der Akademie auf, die mit ihrer Gründung 1754 als drittälteste Gelehrtengesellschaft in Deutschland gilt. Aufgeschlossen für Wissenschaft und Kunst, führte Dacheröden ein sehr gastfreundliches Haus. Hier trafen sich regelmäßig Johann Wolfgang Goethe, Alexander und Wilhelm von Humboldt, Friedrich Schiller, Christoph Martin Wieland, Johann Gottfried Herder u.v.a. zum Gedankenaustausch. Neben der nahen Statthalterei Dalbergs am Hirschgarten entwickelte sich so ein weiteres kulturelles Zentrum der Stadt. Der gute Ruf der „Dacherödischen Familie“ am Anger reichte übrigens bis ins ferne Sizilien, wie Goethe in seiner „Italienischen Reise“ am 4. April 1787 in Palermo erstaunt notierte.

Für zwei der Dichter und Denker sollte das „Haus Dacheröden“ ganz persönliche Bedeutung bekommen. Wilhelm von Humboldt, der ebenfalls zum Dalberg-Kreis zählte, verlobte sich 1789 bei einem Ball in Erfurt heimlich

„Haus Dacheröden" am Anger.

mit der Tochter Dacherödens. Nachdem auch die Eltern von der Verbindung hatten überzeugt werden können, heirateten beide mit großer Gesellschaft am 29. Juni 1791 im Hause des Schwiegervaters. Anschließend lebte das Paar für zweieinhalb Jahre auf dessen Gütern Burgörner bei Hettstedt und Auleben bei Nordhausen. Im Winter zog man sich nach Erfurt zurück. Humboldts führten eine für damalige Verhältnisse unkonventionelle Ehe mit vielen Freiheiten. Caroline von Humboldt lebte trotz acht Kindern ihre kulturellen Interessen aus und war zeitlebens eine ebenbürtige Partnerin. Der große preußische Staatsmann, Gelehrte und Bildungsreformer hatte Erfurt also viel zu verdanken. Ähnlich verhielt es sich mit Friedrich Schiller. Caroline hatte die Bekanntschaft des Dichters mit ihrer Freundin Charlotte von Lengefeld angebahnt, deren Verlobung 1789 im Haus Dacheröden stattfand.

29 Gründervater der Pharmazie
Johann Bartholomäus Trommsdorff

Johann Bartholomäus Trommsdorff gilt als einer der Gründerväter der modernen Pharmazie und war ein international geachteter Wissenschaftler. Der Erfurter durchlebte und gestaltete aktiv den turbulenten Aufbruch in die Moderne um 1800.

Das Stadtmuseum „Haus zum Stockfisch“ hat eine Reihe historischer Persönlichkeiten zurück ins Licht der breiteren Öffentlichkeit geführt. 2020 ehrte es unter dem Titel „Wer war Johann B.? Trommsdorff und der Aufbruch in die Moderne“ den Erfurter Apotheker und Pharmazeuten. Dabei gehört Johann Bartholomäus Trommsdorff zu jenen Akteuren, in deren Biografie sich ein ganzes Zeitalter spiegelt. Als einer der Pioniere erlebte und gestaltete er den vielschichtigen und teils schmerzhaften Aufbruch in die Moderne um 1800 in Erfurt – und mit Wirkung weit darüber hinaus.

Der Besitzer der Apotheke „Zum Schwanenring“ am Anger war Zeuge einer sehr bewegten Zeit: der vom kultivierten Statthalter Karl Theodor von Dalberg geprägten Schlussphase der kurmainzischen Herrschaft, des Übergangs an Preußen 1802, der „Franzosenzeit“ mit Erfurt als „Kaiserliche Domäne“ Napoleons ab 1807 und Napoleons Erfurter Fürstenkongress 1808, der opferreichen Belagerung durch die preußisch-österreichisch-russischen Alliierten 1813/14 und des endgültigen Anschlusses an Preußen 1815. Unter dem preußischen Adler begann jener Weg, der Erfurt im 19. Jahrhundert zur modernen Industriestadt werden ließ.

Trommsdorff, 1770 in Erfurt geboren und daselbst als echte „Puffbohne“ 1837 verstorben, gilt als einer der Begründer der pharmazeutischen Wissenschaft, als weit vernetzter Fachmann von internationalem Rang. 1792 erschien sein wegweisendes „Handbuch der Pharmazie“, ab 1793 gab er die erste Fachzeitschrift heraus, das „Journal der Pharmazie für Ärzte und Apotheker“. Dabei blieb er ein Leben lang seiner Vaterstadt treu. Er wirkte in der Schwanen-Apotheke am Anger, in seinem pharmazeutischen Institut und bis zu deren Schließung 1816 als Professor an der Universität. Trommsdorff bildete Apotheker aus und reorganisierte das Apothekenwesen. Das Berufsethos des Apothekers und Wissenschaftlers war dabei seiner Zeit weit voraus. Aber auch im heutigen Zeitalter der Zweiklassengesellschaft von Kassen- und Privatpatienten hat es nichts an Aktualität eingebüßt: „Die Sorge des Staates für die Gesundheit seiner Mitglieder muss überall gleich sein.“

Die Verdienste Trommsdorffs wurden in Erfurt immer geachtet. So mündet seit 1902 die vormalige Mariengasse als Trommsdorffstraße auf den Anger. Eine Gedenktafel am Fuße des Turmes der Hauptpost verweist seit dem Internationalen Trommsdorff-Kongress 1987 auf den Standort der einstigen

Gedenktafel für Johann Bartholomäus Trommsdorff an der Hauptpost.

Schwanen-Apotheke. Das Gebäude hatte 1878 dem imposanten gründerzeitlichen Neubau der Hauptpost weichen müssen. 1990 veranstaltete die als DDR-Bürgerbewegung gegründete Universitätsgesellschaft eine Trommsdorff-Ehrung zu dessen 220. Geburtstag. Vier Jahre später trat die Universität Erfurt auf Initiative der Gesellschaft tatsächlich wieder ins Leben, was Trommsdorff sicher gefallen hätte.

2007 ließ die Deutsche Gesellschaft für Geschichte der Pharmazie eine weitere Trommsdorff-Ehrung folgen. An der Hauptpost ist seither ein Medaillon zu sehen, das einer Portraitmedaille von 1835 nachempfunden wurde. Um das bronzene Portrait im oberen Bereich des großen Erdgeschossfensters sind Name und Lebensdaten notiert. Die Gedenktafel stammt vom Erfurter Künstler Christian Paschold, der unter anderem auch mit der Bismarck-Statue am Anger sowie Bonifatius und Luther am Rathaus im Stadtbild präsent ist. Mit der Sonderausstellung des Stadtmuseums zum 250. Geburtstag dürfte Johann B. endgültig wieder im Bewusstsein der Erfurter verankert sein.

30 Pracht und Glanz
Der Erfurter Fürstenkongress 1808

Von 1807 bis 1814 besaß Erfurt den Status einer „Kaiserlichen Domäne" Napoleons. Als Höhepunkt jener französischen Besatzungszeit rückte der Erfurter Fürstenkongress 1808 die Stadt in den Fokus der Weltgeschichte.

In den Jahren vor dem spektakulären Erfurter Fürstenkongress 1808 war Kaiser Napoleon Bonaparte als genialer Feldherr von Sieg zu Sieg marschiert und hatte große Teile Europas unterworfen. Nach dem Sieg über Preußen in der Schlacht bei Jena und Auerstedt 1806 war ihm auch das preußische Erfurt zugefallen. Allerdings hatte Napoleons Nimbus einen ersten Knacks bekommen. Bei einem Volksaufstand in Spanien gegen seinen als König eingesetzten Bruder Joseph 1808 mussten französische Truppen erstmals schwere Niederlagen hinnehmen. Napoleon plante nunmehr einen Feldzug nach Spanien. Vor dem Aufbruch nach Westen galt es jedoch, im Osten für Rückendeckung zu sorgen. Besonders das 1807 in Tilsit Russland abgerungene Bündnis sollte erneuert werden.

Für dieses wichtige Treffen wählten Napoleon und Zar Alexander I. Erfurt als Veranstaltungsort. Die gut gesicherte Festungsstadt mit ihren Zitadellen Petersberg und Cyriaksburg war seit 1806 von französischen Truppen besetzt und unterstand seit 1807 als „Kaiserliche Domäne" direkt Napoleon. Dieser konnte also den Hausherren spielen, ohne dass der Zar nach Frankreich reisen musste. Letzterer wiederum besaß verwandtschaftliche Beziehungen ins nahe Weimar, wo seine Schwester Maria Pawlowna als Schwiegertochter von Herzog Carl August lebte, dem Gönner Goethes. Mehr oder weniger als Statisten dienten drei Dutzend deutsche Fürsten einschließlich der Könige von Bayern, Sachsen, Württemberg und Westphalen.

Am 27. September 1808, einem „herrlichen Herbsttag", so der Erfurter Chronist Constantin Beyer, zog Napoleon unter Jubel und Glockengeläut im Brühler Tor ein. Anschließend empfing er den Zaren bei Linderbach und zog mit ihm gemeinsam in die Stadt. Noch lange erinnerte man sich in Erfurt an Napoleons Ausspruch: „Ich will Deutschland durch Pracht und Glanz in Erstaunen setzen." Der zweiwöchige Kongress bestand im Grunde nur aus Besuchen, Bällen, Ausflügen, Paraden und Illuminationen. Napoleon residierte in der einstigen kurmainzischen Statthalterei am Hirschgarten. Dort empfing er ganz im Stil des Sonnenkönigs Ludwig XIV. Gäste zum Morgenempfang, unter ihnen am 2. Oktober auch den deutschen „Dichterfürsten" Johann Wolfgang von Goethe. Am Abend speiste er gewöhnlich mit dem Zaren, den deutschen Königen und ausgewählten Gästen.

Bei „Pracht und Glanz" ist besonders an die allabendlichen Theateraufführungen der Pariser Comédie-Française im aufwendig sanierten Universitätsballhaus zu denken, dem heutigen Kaisersaal. Vor

Napoleon und Alexander nebst einem „Parkett von Königen" sollten die Mimen um den berühmten François-Joseph Talma mit klassischen französischen Tragödien beeindrucken. Während der Aufführungen wurde auch von den eigentlichen Hauptdarstellern, Napoleon und Alexander, effektvoll Theater gespielt. Die von Beyer beschriebene Aufführung „Oedipe" von Voltaire am 3. Oktober ist ein Beispiel hierfür. Als der Darsteller des Philoktet ausrief: „Die Freundschaft eines großen Mannes ist eine Wohltat der Götter!", erhob sich Alexander und umarmte Napoleon unter tosendem Beifall der hohen Gäste. Mit diesen Freundschaftsbekundungen war es freilich nicht weit her. Keine vier Jahre später sollte Napoleon mit seiner Grande Armée 1812 zum Feldzug Richtung Moskau aufbrechen, was sein baldiges Ende einläutete.

Zar Alexander I. und Napoleon beim Erfurter Fürstenkongress 1808.

31 Unterm mächtigen Zollernhaus
Das preußische Erfurt

1802 fiel Erfurt nach rund acht Jahrhunderten Zugehörigkeit zu Mainz an das Königreich Preußen. In der von vielen Bürgern zunehmend positiv gesehenen „Preußenzeit" bis 1945 entwickelte sich Erfurt zur prosperierenden Großstadt.

Am 21. August 1902 herrschte in Erfurt Volksfeststimmung. Der Trubel glich den heutigen Thüringentagen samt historischem Festumzug. Allerdings beging man in der späteren Landeshauptstadt Thüringens eine bombastische Preußen-Jahrhundertfeier, die an die Besitzergreifung 1802 erinnerte. In großen Teilen der Bürgerschaft herrschte ein preußischer Patriotismus, der sich auch im Geschichtsbild niederschlug. In der Festzeitschrift heißt es: „Im Herzen

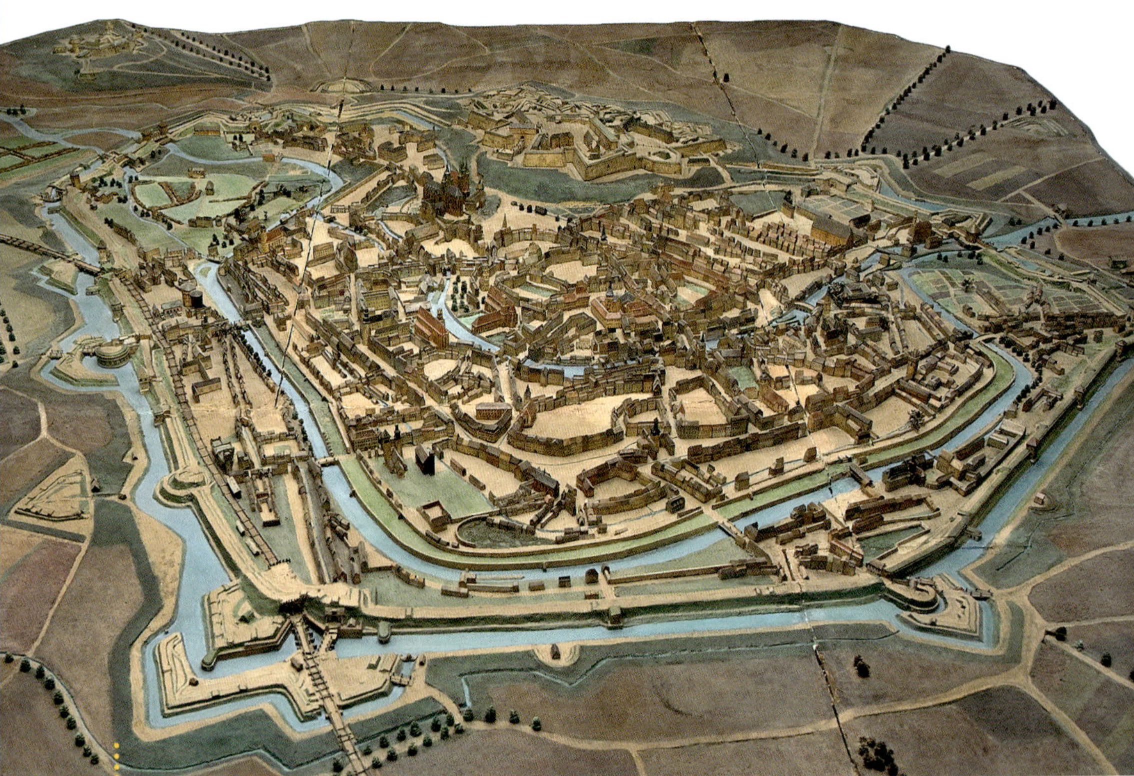

Modell der Festungsstadt Erfurt im Stadtmuseum „Haus zum Stockfisch".

Deutschlands pulste dein Bürgerfleiß, / Und aus dem Keim schoß schwellend das schönste Reis, / Da Handel und Gewerb' im Bunde / Dich schuf zum Vorort auf deutschem Grunde. / Dann kam der Frost, der arg deine Kraft versehrt: / Voll auszureifen wurde dir nicht beschert; / Bis endlich, spät dein Leid zu sühnen, / Wieder dir wurde ein neues Grünen. / Das brach aus alten Trieben von frischem aus, / Seit dich beschirmt das mächtige Zollernhaus."

Weniger poetisch gesagt: Auf die mittelalterliche Blütezeit folgte der frostige Niedergang als kurmainzische Provinzstadt ab 1664, worauf wiederum mit dem Übergang an Preußen 1802 herrliche Zeiten des Wachstums folgten. Besonders das Bürgertum sah im Anschluss an die aufstrebende deutsche Militärmacht unter den Hohenzollern-Königen, die 1871 auch deutsche Kaiser wurden, eine wesentliche Voraussetzung für den Aufstieg Erfurts zur modernen Industriegroßstadt. Sicher ist das nicht ganz falsch, wenngleich man heute die Rolle Preußens differenzierter betrachtet.

Allerdings war der Start etwas holprig. Kurz nachdem 1802 preußische Beamte nach einem Sonderabkommen mit dem revolutionären Frankreich die neue Herrschaft zu errichten begonnen hatten, war Selbige auch schon wieder vorbei. Nach der Schlacht von Jena und Auerstedt 1806 rückten Napoleons siegreiche Truppen ein. Bis 1814 firmierte die Stadt nun als „Kaiserliche Domäne" unter französischer Besatzung. Auf dem Wiener Kongress 1815 fiel Erfurt dann endgültig an das Königreich Preußen. Die Hohenzollern zählten zu den großen Gewinnern des Friedens. Dabei mussten sie sich allerdings mit dem Großherzog von Sachsen-Weimar-Eisenach einigen,

Der preußische Adler an der Wache auf dem Petersberg.

der ebenfalls ein Auge auf Erfurt geworfen hatte. Als Kompromiss fielen große Teile des ehemaligen Erfurter Landgebietes an Weimar.

Die verstreuten preußischen Gebiete in Thüringen von Nordhausen und dem Eichsfeld bis Schleusingen und Ziegenrück wurden zum Regierungsbezirk Erfurt zusammengefasst, der seinen Sitz in der heutigen Staatskanzlei am Hirschgarten erhielt. Hieran erinnert der 1826 eingeführte Name Regierungsstraße. Bis zur Reichsgründung 1871 besaß Erfurt besonders als Festungsstadt an der Südflanke Preußens erhebliche strategische Bedeutung. Ein großes Modell im Stadtmuseum „Haus zum Stockfisch" macht dies deutlich. Auch über das Ende der Hohenzollern 1918 hinaus blieb Erfurt preußisch und wurde 1920 noch nicht dem neuen Freistaat Thüringen angeschlossen. Erst mit dem Ende des Zweiten Weltkrieges 1945 kam auch das Ende der „Preußenzeit".

32 Für Freiheit und Einheit
Die Revolution von 1848

In der Revolution von 1848/49 forderte die Nationalbewegung „Einigkeit und Recht und Freiheit“ für das deutsche Vaterland. Im preußischen Erfurt kam es dabei am 24. November 1848 zu blutigen Kämpfen auf dem Anger.

Mit der Revolution von 1848/49 erreichte die deutsche Nationalbewegung ihren Höhepunkt. Die Fürsten des losen Deutschen Bundes von 1815 sahen sich im Frühjahr 1848 mit den „Märzforderungen“ von Presse- und Versammlungsfreiheit bis hin zur Ablösung feudaler Relikte konfrontiert. In der seit dem 18. Mai 1848 tagenden Frankfurter Nationalversammlung sollte die Verfassung für einen deutschen Nationalstaat ausgearbeitet werden. Die liberale Mehrheit strebte auf dem Weg zu „Einigkeit und Recht und Freiheit“, wie es August Heinrich Hoffmann von Fallersleben 1841 in seinem „Lied der Deutschen“ formuliert hatte, einen Kompromiss mit den Monarchen an. Es gewannen aber auch Vertreter der demokratisch-republikanischen Richtung an Einfluss, unter ihnen die Erfurter Goswin Krackrügge und Hermann Alexander Berlepsch.

Im preußischen Erfurt standen sich seit März 1848 in wachsender Polarisierung Befürworter der Revolution und königstreue Kräfte gegenüber. Letztere fanden bei den oft aus anderen Provinzen stammenden Offizieren, Beamten und Vertretern der bürgerlichen Oberschicht Rückhalt. Hinter den Zielen der Revolution standen Vereinigungen wie der Bürgerhilfsverein und der Demokratische Verein um Krackrügge und Berlepsch. Politische Forderungen verbanden sich mit Demonstrationen etwa für niedrigere Bierpreise. Dabei kam es am 14. März zu ersten Krawallen und blutigen Zusammenstößen mit preußischen Soldaten.

Im Herbst 1848 kam es erneut zu einer Zuspitzung mit Aufruhren – auch in zahlreichen Gebieten Thüringens. In Erfurt brach am 24. November 1848 ein Aufstand aus, angefacht vom Demokratischen Verein. Auslöser war die Einberufung von Landwehrmännern in die Armee, wozu laut Berlepsch nur die preußische Nationalversammlung ein Recht habe. Bei Kämpfen zwischen Bürgern und preußischen Soldaten auf dem Anger und in der Auguststraße (Bahnhofstraße) kamen 13 Zivilisten und sieben Soldaten ums Leben. Rund 250 Revolutionäre wurden auf dem Petersberg inhaftiert. Es kam zu langjährigen Haftstrafen und zur Hinrichtung von sieben Landwehrmännern. Die Revolution fand schließlich mit der Ablehnung der Reichsverfassung und der Kaiserkrone durch den preußischen König Friedrich Wilhelm IV. im April 1849 ein erfolgloses Ende.

Im 1871 durch die preußische Militärmacht mit „Eisen und Blut“ geschmiedeten Nationalstaat geriet die Revolution in den Hintergrund. Hundert Jahre nach den dramatischen Ereignissen erinnerte man sich dann wieder der

Kämpfe auf dem Anger am 24. November 1848.

„Achtundvierziger“. In der Sowjetischen Besatzungszone, der späteren DDR, war die Umwandlung in eine „Volksdemokratie“ unter Regie der Sozialistischen Einheitspartei Deutschlands in vollem Gange. Gegenüber den anderen politischen Kräften, besonders den Liberalen und Christdemokraten, machte die SED noch Zugeständnisse. So wurden etwa die klassischen bürgerlichen Freiheitsrechte wenig später in die erste DDR-Verfassung aufgenommen.

Genau in diesen Kontext fiel das Erinnerungsjahr 1948. Es war geprägt vom Kompromiss zwischen Kommunisten und Bürgerlichen. Das gilt auch für die Landesausstellung „1848“ im Angermuseum. Während die kommunistische Zeitung „Thüringer Volk“ die „revolutionäre Welle“ beschwor, die bis in die Gegenwart nachwirke, betonte die liberale „Thüringische Landeszeitung“ „Freiheit, Einheit und Demokratie“ als Ziele der Revolution. Auch die am 24. November 1948 feierlich enthüllte Gedenktafel am Angermuseum spiegelt diesen Zeitgeist und erinnert an die Kämpfe „für Freiheit und Einheit Deutschlands“.

33 Bismarcks diplomatische Sporen
Das Erfurter Unionsparlament 1850

Otto von Bismarck verdiente sich beim Erfurter Unionsparlament 1850 seine „diplomatischen Sporen". Der junge Konservative hielt freilich nicht viel vom demokratischen Treiben und verbrachte seine Zeit lieber beim Felsenkellerbier im Steiger.

Noch immer gibt es in Deutschland knapp 180 der imposanten Bismarcktürme. Einer von ihnen steht seit 1901 im Erfurter Steiger. Neben diesem typischen Element der kaiserzeitlichen Denkmalkultur gibt es aber auch Spuren, die auf spezielle Verknüpfungen Erfurts mit Otto von Bismarck (1815–1898), dem „Eisernen Kanzler" und „Reichsgründer" von 1871, hinweisen. Denn hier an der Gera liegt eine wichtige Station auf dem Weg des jungen preußischen Landadeligen aus der Altmark ins Zentrum der Macht. Der konservative Nachwuchspolitiker hatte in der Revolution 1848/49 erstmals von sich reden gemacht. Im März 1850 schickte man ihn daraufhin als Abgeordneten zum Erfurter Unionsparlament.

Dieses Parlament sollte nach der gescheiterten Revolution die Verfassung für einen deutschen Nationalstaat unter Führung Preußens und ohne Österreich ausarbeiten. Gemäßigte Liberale und der preußische König Friedrich Wilhelm IV. hatten sich auf diesen Kompromiss geeinigt. Als Tagungsort richtete man die Augustinerkirche her, die als Lutherstätte für eine historische Aura sorgte. Ein „Verein für die Verlegung des deutschen Parlaments nach Erfurt", getragen von angesehenen bürgerlichen Honoratioren, hatte zuvor landesweit in Parlaments- und Regierungskreisen für die alte thüringische Metropole im Herzen Deutschlands geworben. Einige Monate herrschte eine regelrechte Hauptstadt-Euphorie. Erfurt schien, wie später noch einmal bei der Bewerbung um die Nationalversammlung 1919, auf dem Weg zum politischen Zentrum Deutschlands. Die „Erfurter Union" scheiterte jedoch rasch am Widerspruch Österreichs und Russlands gegen eine Nationalstaatsgründung unter preußischer Führung, die zwei Jahrzehnte später dann doch unter Bismarcks Regie zustande kommen sollte.

Der junge erzkonservative Monarchist hatte von vornherein sein Desinteresse an der demokratischen Parlamentsarbeit im Augustinerkloster deutlich zu erkennen gegeben. Lieber spazierte er durch den Steiger, „ein allerliebstes kleines Gebirge 1/4 Meile von der Stadt". In guter Erinnerung blieb ihm auch die leibliche Verpflegung im Thüringischen. Besonders die hiesigen Wurstwaren und „Steinkruken voll Erfurter Felsenkellerbier" preist er in seinen autobiografischen Schriften. Zu den weiteren Zerstreuungen, die sich der Spross eines alten Adelsgeschlechtes zwischen den Sitzungen gönnte, gehörte eine standesgemäße Auerhahn-Jagd im Thüringer Wald. Immerhin sprach er

Bismarckstatue am „Bismarckhaus" am Anger 33.

aber auch davon, sich in Erfurt seine „diplomatischen Sporen verdient" zu haben – stand er hier doch erstmals mit im Zentrum der politischen Debatten um die Zukunft Deutschlands.

Für die preußisch-national gesinnten Erfurter sollte diese Episode von Bedeutung bleiben. Zum 50. Jubiläum im Jahr 1900 verwies der „Erfurter Allgemeine Anzeiger" darauf, dass „für den Lokalpatrioten der 20. März 1850 ein Gedenktag von mehr als lokaler Bedeutung" sei, weil „der nachmalige Einiger des Deutschen Reiches in unserer Stadt weilte". Ganz in diesem Sinne verzierte 1904 Stadtrat Rudolf Walther den Neubau von Bismarcks einstiger Unterkunft am Anger 33. In einer Nische auf Höhe des ersten Obergeschosses wurde am 1. April 1904, Bismarcks 89. Geburtstag, eine überlebensgroße Bronzestatue aufgestellt. Sie zeigte bezeichnenderweise den Kanzler in Uniform und nicht den jungen Parlamentarier. Darüber prangte das berühmte Bismarck-Zitat: „Wir Deutschen fürchten Gott, sonst nichts auf der Welt!" 1948 verfügte eine Kommission zur „Liquidierung deutscher militaristischer und nazistischer Denkmale" die Entfernung der Statue. 2004 konnte auf Initiative des Bismarckturm-Vereins Erfurt eine neue Bismarckstatue am „Bismarckhaus" aufgestellt werden.

34 Erbauer der Brooklyn Bridge
Johann August Röbling und Erfurt

Johann August Röbling gehörte zu den Pionieren des Brückenbaus im anbrechenden Industriezeitalter. Der Erbauer der berühmten Brooklyn Bridge in New York hat in Erfurt die Basis für seine Ingenieurskunst gelegt.

Täglich überqueren Tausende Einheimische und Touristen die weltbekannte Brooklyn Bridge in New York. Passiert man von Brooklyn kommend das imposante Bauwerk in Richtung Manhattan, so sticht eine große bronzene Gedenktafel für die Erbauer ins Auge. Hervorgehoben werden die verantwortlichen Ingenieure, die Engineers John A. Roebling und Washington A. Roebling. Wie vielen der vorbeieilenden oder andächtig die Aussicht auf die Skyline des „Big Apples" bestaunenden Menschen dabei wohl bewusst ist, dass die großen Brückenbauer aus Thüringen stammen? Mittlerweile hat sich zumindest hierzulande herumgesprochen, dass John A. Roebling alias Johann August Röbling in Erfurt die Basis seiner sprichwörtlichen deutschen Ingenieurskunst gelegt hat. Zahlreiche amerikanische Städte sollten im anbrechenden Industriezeitalter dankbar von ihr profitieren. In Cincinnati hat man neben der John A. Roebling Suspension Bridge über den Ohio River deren Erbauer sogar ein Bronzestandbild errichtet.

Gedenktafel für Vater und Sohn Röbling an der Brooklyn Bridge.

Wie so oft gab ein rundes Jubiläum den Anstoß für die „Wiederentdeckung" des in den USA verehrten Brückenbauers in dessen ursprünglicher Heimat. Der 200. Geburtstag 2006 war Ausgangspunkt für eine Fülle von Veröffentlichungen und Ehrungen. Seither ist er ein wichtiges Thema der Landesgeschichtsforschung, die mit internationalen Experten bildlich die Brücke über den „großen Teich" schlägt. Dabei hat der Verein für die Geschichte und Altertumskunde von Erfurt vor allem die biografischen Bezüge des jungen Röblings zur heutigen Landeshauptstadt herausgearbeitet.

1806 in Mühlhausen geboren, wurde in der Schule bald Röblings technisches Talent sichtbar. In Erfurt besuchte er von 1821 bis 1823 die renommierte

Gedenktafel für Johann August Röbling in der Marktstraße.

mathematische Lehranstalt von Ephraim Salomon Unger, einem bedeutenden Mathematiker und einstigen Dozenten der 1816 geschlossenen Universität. Hier erwarb Röbling die Grundlagen für sein Studium an der Berliner Bauakademie. 1831 nach Amerika ausgewandert, revolutionierte er dort den Brückenbau und wurde zum Begründer der Drahtseilindustrie. 1869 begann der Bau der Brooklyn Bridge, der damals größten Hängebrücke der Welt, die ihm dauerhafte Berühmtheit sicherte. Allerdings erlebte Röbling die Einweihung der Brücke am 24. Mai 1883 durch US-Präsident Chester A. Arthur nicht mehr, da er bereits zu Baubeginn nach einem Arbeitsunfall verstarb. Fertiggestellt hat das Projekt deshalb sein Sohn Washington.

Neben der Geschichtsschreibung hält die öffentliche Erinnerungskultur das Andenken an den großen Brückenbauer in Erfurt wach. So hat die Stadt 2006 eine Straße nach ihm benannt, die vormalige Mittelhäuser Straße in einem nördlichen Gewerbegebiet. Öffentlicher wirkt eine weitere Würdigung im Stadtzentrum. In der Marktstraße 6, wo aus Ungers Lehranstalt und der späteren kommunalen Realschule 1885 das staatliche Realgymnasium „Zur Himmelspforte" hervorging, wurde 2013 eine Gedenktafel angebracht. Sie weist in deutscher und englischer Sprache auf die Bedeutung des Ortes hin. Für die Tafel entwarf der Erfurter Maler Jürgen Valdeig eine Ansicht der Brooklyn Bridge. Gemeinsam mit dem Autor dieser Zeilen hatte er das Projekt angestoßen, welches auch von den Oberbürgermeistern von Erfurt und New York City unterstützt wurde. Ausdrücklich lässt Mayor Michael R. Bloomberg auf der Tafel die Erfurter herzlich grüßen: „All the best to the people of Erfurt".

35 Aufbruch ins Industriezeitalter
Erfurt und die Eisenbahn

Der Anschluss an die Eisenbahn 1847 leitete das Industriezeitalter in Erfurt ein. Zugleich rückte die alte Handelsmetropole damit zum modernen Verkehrsdrehkreuz auf, das 2017 mit der ICE-Schnellverbindung Berlin–München neue Impulse erhielt.

Die Eisenbahn ist *das* Symbol der Moderne des 19. Jahrhunderts. Sie beflügelte auch in Erfurt den Aufbruch ins Industriezeitalter. Aus der 30.000 Einwohner zählenden preußischen Festungsstadt wurde nach Anschluss an das Bahnnetz 1847 binnen sechs Jahrzehnten eine pulsierende Industriegroßstadt mit 100.000 Einwohnern. Dabei war es von weitreichender Bedeutung, dass der preußische Staat die Verbindung von Halle Richtung Rheinprovinz entlang der Städteachse Naumburg-Erfurt-Eisenach verlegte. Engagierte Bürger um Stadtrat Karl Herrmann hatten sich dafür eingesetzt, eine Streckenführung über Nordhausen oder Mühlhausen zu verhindern. Ihnen ist es mit zu verdanken, dass Preußen mit den thüringischen Staaten 1841 den Vertrag über die „Thüringische Eisenbahn" abschloss. Herrmann stand klar vor Augen, dass dies „von unberechenbarer Wichtigkeit für Erfurts Zukunft ist".

Am 22. März 1847 erfolgte die erste Probefahrt von Weimar nach Erfurt. „Nach Verlauf von nicht 1 Stunde kam der imposante Zug, begrüßt von zwei Musikchören und dem Jubel der Volksmenge, auf dem hiesigen Bahnhof an", so die Lokalpresse. Die zunächst vier Züge täglich mussten noch die Festungsanlagen passieren. Die Gleise befanden sich im Schatten des südlich angrenzenden hohen Walles am Ende der Auguststraße, die in Bahnhofstraße umbenannt wurde. Als Bahnhofsgebäude fungierte die spätere Reichsbahndirektion mit dem markanten Uhrenturm am Westende des heutigen Willy-Brandt-Platzes. Der Bau eines modernen Hauptbahnhofes wurde mit der Entfestigung Erfurts ab 1873 möglich. Von 1889 bis 1893 entstand östlich vom alten Bahnhof ein Neubau im Stil der Kaiserzeit. Als Besonderheit wies er das Inselgebäude auf halber Höhe des ehemaligen Festungswalles auf, auf dem die Gleise verlegt wurden. Das flache Empfangsgebäude öffnete den Bahnhof zur Stadt.

Letzte Zäsur in der Erfurter Eisenbahngeschichte bildete die Weichenstellung Richtung ICE-Knoten nach der deutschen Wiedervereinigung 1990. Der Hauptbahnhof wurde hierfür von 2001 bis 2008 umgebaut. An die Stelle des Inselgebäudes trat eine riesige Glashalle. Am 8. Dezember 2017 nahm die ICE-Strecke Berlin–Erfurt–München feierlich ihren Betrieb auf. Die Fahrzeit von Berlin nach München über Erfurt beträgt nur noch 4 Stunden. Sofort erhöhte sich die Auslastung sprunghaft. Der ICE-Knoten ist darüber hinaus in alle Himmelsrichtungen bestens vernetzt. Die Landeshauptstadt Thüringens erhofft

Blick von der Bahnhofstraße auf den Hauptbahnhof 1847 und 2017.

sich hiervon nachhaltige Impulse für die Stadtentwicklung, etwa durch eine moderne ICE-City mit Hotels, Tagungszentren und Geschäftshäusern.

Das „Verkehrsprojekt Deutsche Einheit Nr. 8“ war das größte Schienenverkehrsprojekt und weist in seiner Tragweite für Erfurt durchaus Parallelen zum Eisenbahnanschluss 170 Jahre zuvor auf. Schon jetzt sind positive Auswirkungen deutlich zu spüren. Darüber hinaus darf sich die einstige Mittelaltermetropole am Schnittpunkt wichtiger Handelsstraßen in Sachen Verkehr als echter „Wendegewinner“ fühlen. Denn zur ICE-Strecke kam der Autobahnknoten. Seit 1940 ist Erfurt an die heutige A 4 angeschlossen, die seit 1998 am Erfurter Kreuz von der neuen A 71 passiert wird.

36 Moderne Zeiten
Die Industriegroßstadt Erfurt

Erfurt wandelte sich in der zweiten Hälfte des 19. Jahrhunderts zu einer pulsierenden Industriegroßstadt. Unternehmen der Metall- und Schuhindustrie wie Lingel und Pels erlangten nationale Spitzenpositionen.

Der Aufbruch in die industrielle Moderne begann in Erfurt Mitte des 19. Jahrhunderts. Eine wichtige Initialzündung war der Anschluss der alten Handelsstadt an das Eisenbahnnetz 1847. Richtig Fahrt nahm der Aufstieg zur Industriegroßstadt nach der deutschen Reichsgründung 1871 auf. Nunmehr fernab der Grenzen inmitten des neuen Kaiserreiches gelegen, erfolgte 1873 die Entfestigung der preußischen Festungsstadt. Die gewaltigen Bastionen rund um die heutige Altstadt verschwanden innerhalb weniger Jahre und die Stadt dehnte sich nun in alle Himmelsrichtungen rasant aus. Arbeiterquartiere und Industrie wurden vor allem im Norden und Osten angesiedelt, während sich der Südwesten am Steigerrand zum gutbürgerlichen Wohnviertel entwickelte. Es kam zu einer epochalen Modernisierung der Infrastruktur mit Wasserleitung, Kanalisation, Stromversorgung, Straßenbahn usw. Oberbürgermeister wie Richard Breslau trieben wegweisende Großprojekte wie die Anlage von Flutgraben und Ringstraße, dem heutigen Juri-Gagarin-Ring, in den 1890er-Jahren voran.

Die Einwohnerzahl wuchs dabei explosionsartig von 30.000 Mitte des 19. Jahrhunderts auf 100.000 im Jahr 1906, was sich insbesondere durch den Bedarf an Industriearbeitern erklärt. So wurde aus der beschaulichen Handels- und Beamtenstadt eine pulsierende Industriegroßstadt. Um 1900 besaß Erfurt eine ausgewogene, moderne Wirtschaftsstruktur mit der Metall- und Bekleidungsindustrie an der Spitze. Einige Unternehmen brachten es zu nationalen Führungspositionen, wie der Schuhkonzern von Eduard Lingel und der Maschinenbaukonzern von Henry Pels. Dies sicherte zugleich einem weiterhin breiten Mittelstand neue Entwicklungschancen. Überflügelte die Industrie nach Mitarbeiterzahlen zwar deutlich den traditionsreichen Gartenbau, so sicherten dessen Unternehmen jetzt mehr denn je den weltweiten Ruf der Blumenstadt. Nicht zu vergessen ist die Lebensmittelindustrie mit ihren großen Brauereien, Malzwerken, Nudelfabriken und Senfherstellern.

Nach 1945 änderte sich an der Wirtschaftsstruktur relativ wenig. Zwar brachten Enteignungen und Planwirtschaft eine tiefe Zäsur, die dominierenden Industriezweige blieben aber erhalten. Aus Lingel wurde das Schuhkombinat „Paul Schäfer“, aus Pels das Kombinat Umformtechnik „Herbert Warnke“, im Brühl stellte man jetzt Schreibmaschinen unter der Marke „Optima“ statt „Olympia“ her, aus „Topf & Söhne“ wurde der VEB Erfurter Mälzerei- und Speicherbau

Das Heizkraftwerk im Brühl, eines der wenigen erhaltenen Industriedenkmale, hat als „Zentralheize“ eine kulturelle Nutzung gefunden.

(EMS), die Brauerei „Riebeck“ firmierte unter VEB Braugold usw. Mit Tausenden von Mitarbeitern gehörten die volkseigenen Industriebetriebe Erfurts zu den Schwerpunkten der DDR-Wirtschaft. Einige bewahrten auch ihre internationale Bedeutung. Die Großpressen von Pels/Umformtechnik etwa wurden jetzt zwar im Rahmen des Ostblock-Wirtschaftssystems RGW in großer Zahl an die Sowjetunion und andere sozialistische „Brudervölker“ geliefert, waren aber auch im kapitalistischen Ausland gefragt.

Nach der deutschen Einheit 1990 kam jedoch für einen Großteil der Industrie das Aus. Ganze Branchen mit großer Tradition wie die Schuhproduktion verschwanden völlig von der Bildfläche. Hierfür steht symbolisch der Abriss des großen Lingel-/Paul-Schäfer-Komplexes an der Martin-Andersen-Nexö-Straße. Andere Bereiche blieben mit erheblich weniger Mitarbeitern zumindest im Kern erhalten, wie die Pressenherstellung von Umformtechnik unter der heutigen Marke Schuler. Darüber hinaus wird die Erfurter Wirtschaft von vielen kleinen und mittelständischen Unternehmen geprägt. Der Deindustrialisierung steht der beachtliche Aufschwung anderer Bereiche nach 1990 gegenüber, wie Verwaltung, Dienstleistung, Wissenschaft und Tourismus.

37 Die soziale Frage
Der Erfurter Parteitag der SPD 1891

1891 fand der Erfurter Parteitag der SPD mit der Verabschiedung des Erfurter Programms statt. Nach der Unterdrückung durch das Bismarck'sche Sozialistengesetz wurde damit für Jahrzehnte der Kurs der Arbeiterpartei festgelegt.

Das Mitte des 19. Jahrhunderts einsetzende Industriezeitalter warf rasch die „soziale Frage" auf, die sich mit den Lebensbedingungen der rasant wachsenden Arbeiterschaft beschäftigte. Politischer Interessenvertreter der Arbeiter wurde die Sozialdemokratie, deren Wurzeln in Thüringen liegen: 1869 am Fuße der Wartburg gegründet, verbanden sich die „Eisenacher" um „Arbeiterkaiser" August Bebel 1875 in Gotha mit dem Allgemeinen Deutschen Arbeiterverein. Die „Sozis" forderten soziale Gerechtigkeit und demokratische Mitbestimmung, was ihnen den Ruf einer „roten Umsturzpartei" im Kaiserreich einbrachte. Mit dem „Sozialistengesetz" von 1878 bis 1890 versuchte Reichskanzler Otto von Bismarck, sie zu zerschlagen.

Nach über einem Jahrzehnt der Illegalität galt es dann, zurück auf die politische Bühne zu finden. Der Parteivorsitzende Paul Singer eröffnete am 14. Oktober 1891 den Erfurter Parteitag mit dem Ziel, „ein Programm zu erarbeiten, das unsere Forderungen in klarer und allgemein verständlicher Form zum Ausdruck bringt". In Gegenwart von August Bebel und 235 Delegierten begann eine Woche voller Beratungen im Kaisersaal in der Futterstraße. Welche Ideologie sollte dem Programm zugrunde liegen? Welche politischen Ziele sollte man sich stecken? Wie konnte das Leben der Arbeiter verbessert werden, die bis zu 12 Stunden schuften mussten und in „Mietskasernen" hausten?

Am Ende wurde das Erfurter Programm beschlossen, das über Jahrzehnte den Kurs der Partei bestimmte und internationale Vorbildwirkung entfaltete. Im ersten Teil ging das Programm Karl Marx folgend von der Zuspitzung des Klassenkampfes zwischen Bourgeoisie und Proletariat aus. Einen Ausweg biete nur die Vergesellschaftung des Privateigentums an den Produktionsmitteln. Im zweiten Teil folgten praktische Forderungen wie demokratisches Wahlrecht, Vereinigungs- und Versammlungsfreiheit, Gleichberechtigung der Frau, Achtstundentag, Verbot der Kinder- und Nachtarbeit.

Die Vorstellungen über eine zukünftige Gesellschaft blieben vage und traten hinter den realpolitischen Forderungen zurück. In der SPD-Hochburg Erfurt wurde damit nicht nur der neue Name Sozialdemokratische Partei Deutschlands festgeschrieben, sondern auch der spannungsreiche Kurs zwischen revolutionärer Theorie und sozialreformerisch-demokratischer Praxis eingeschlagen. Nach 1945 verabschiedete sich die SPD in der Bundesrepublik endgültig vom Marxismus und erklärte sich zur Partei von Freiheit, Gerechtigkeit und

Im Kaisersaal fand 1891 der wegweisende Erfurter Parteitag der SPD statt.

Solidarität in der marktwirtschaftlichen Gesellschaft.

Erinnert wird an den Erfurter Parteitag heute mit einer Gedenktafel am Kaisersaal, wo sich in der DDR-Zeit sogar eine Gedenkstätte befand. Bei besonderen Anlässen macht man im heutigen Kultur- und Kongresszentrum auf das Ereignis aufmerksam. Nur wenige Schritte entfernt finden sich im Stadtmuseum „Haus zum Stockfisch" in der Johannesstraße weitere historische Spuren. Die Industriegroßstadt Erfurt hat dort neben Relikten der SPD-Geschichte auch eine Kopie des Wanderstocks von August Bebel hinterlassen, mit dem dieser die Verhandlungen des Parteitags dirigiert haben soll.

38 Klassiker der Soziologie
Max Weber und Erfurt

Der gebürtige Erfurter Max Weber gilt als einer der Gründerväter der modernen Soziologie. Sein Erbe pflegt vor allem das renommierte Max-Weber-Kolleg für kultur- und sozialwissenschaftliche Studien der Universität Erfurt.

Max Weber gilt als einer der Klassiker der Soziologie, dessen Werk von verschiedenen wissenschaftlichen und politischen Lagern anerkannt wurde und wird. Darüber hinaus berufen sich viele Fachgebiete auf jenen Mitbegründer der modernen Kultur- und Sozialwissenschaften. Bei Fragen rund um unsere menschliche Gesellschaft, um deren staatliche, rechtliche, wirtschaftliche, soziale, religiöse und ethische Verfasstheit ziehen seine Schriften weit über die Fachwelt hinaus noch immer große Aufmerksamkeit auf sich. Als soziologisches Hauptwerk gilt die 1921 postum herausgegebene Schrift „Wirtschaft und Gesellschaft". Umso mehr kann Erfurt stolz darauf sein, dass die Wiege dieses bedeutenden Gelehrten an der Gera stand.

Maximilian Carl Emil Weber wurde am 21. April 1864 als Sohn des Juristen, Stadtrats und späteren nationalliberalen Reichstagsabgeordneten Max Weber senior am damaligen Kartäuserring geboren. Hierauf verweist eine Gedenktafel am „Haus am Ententeich" am heutigen Juri-Gagarin-Ring 10. Weber war das erste von acht Kindern, von denen sein 1868 ebenfalls in Erfurt geborener Bruder Alfred als Nationalökonom und Soziologe auch einen gewissen Ruf erlangte. 1869 verließ die Familie Weber Erfurt Richtung Berlin. Dort studierte Max Weber an der Friedrich-Wilhelms-Universität, der heutigen Humboldt-Universität, von 1882 bis 1886 Jura, Nationalökonomie, Philosophie und Geschichte. 1889 promovierte er im Fach Jura.

Ab 1893 bekleidete er Professuren in Berlin, Freiburg und Heidelberg, ehe ein Nervenleiden Weber ab 1903 zur Aufgabe des Lehrstuhls zwang. Bis in den Ersten Weltkrieg hinein stark national

eingestellt, engagierte sich Max Weber nach Kriegsende 1918 für die linksliberalen Demokraten. 1919 noch einmal kurzzeitig Professor in München, erlag er 1920 wie viele seiner Zeitgenossen den Folgen der Spanischen Grippe. Anders als sein zeitlebens mit Krankheiten kämpfender Bruder erreichte Alfred Weber das stolze Alter von fast 90 Jahren.

In Max Webers Vaterstadt hat sich die 1994 wiedergegründete Universität Erfurt des großen Wissenschaftlers intensiv angenommen. Anfangs erwog die geisteswissenschaftliche Reformuniversität mit kultur- und gesellschaftswissenschaftlichem Profil sogar, sich nach dem Soziologen zu benennen. Die Promenade auf dem modernen parkartigen Campus von der Nordhäuser Straße zur 2000 eingeweihten Universitätsbibliothek heißt Max-Weber-Allee, die zentrale Grünanlage vor dem Hauptgebäude nennt sich Alfred-Weber-Platz.

Weit über Erfurt hinaus strahlt seit 1998 das zur Universität gehörende Max-Weber-Kolleg für kultur- und sozialwissenschaftliche Studien aus. Dort wirken international angesehene Wissenschaftler und Nachwuchsakademiker ganz im Sinne Max Webers gemeinsam an innovativen Projekten. Hierfür werden Experten aus verschiedenen Disziplinen wie Soziologie, Geschichtswissenschaft, Philosophie, Theologie, Religions-, Rechts- und Wirtschaftswissenschaft auf Zeit zu Fellows berufen. Diese Fellows beteiligen sich an interdisziplinären Forschungsprogrammen und betreuen die Kollegiaten, die an ihrer Promotion oder Habilitation arbeiten.

Die Universität Erfurt pflegt das Erbe Max Webers.

39 Dem Gewaltigen zum Gedächtnis
Der Erfurter Bismarckturm

Der Bismarckturm im Steiger war einst Herzstück einer nationalen Denkmallandschaft, die auch ein Kaiser-Wilhelm-Denkmal umfasste. Heute sollte man dort differenziert an die Bezüge des „Eisernen Kanzlers" zu Erfurt erinnern.

Der monumentalste Erinnerungsort an den „Eisernen Kanzler" Otto von Bismarck (1815–1898) in Erfurt ist der 1901 errichtete Bismarckturm im Steiger. Er war Herzstück einer Denkmallandschaft, die den nationalen Geist des wilhelminischen Zeitalters spiegelt. Kurz zuvor, am 25. August 1900, hatte man bei strahlendem „Kaiserwetter" in Anwesenheit Wilhelms II. dem preußischen König und ersten Deutschen Kaiser Wilhelm I. am Kaiserplatz, dem heutigen Karl-Marx-Platz, ein Reiterstandbild enthüllt. Dieses wurde jedoch im Zweiten Weltkrieg eingeschmolzen. Der bisweilen überbordende Stolz auf den 1871 im Krieg gegen Frankreich gegründeten Nationalstaat kam auch in der Verbindung von Barbarossa- und Barbablanca-Mythos zum Ausdruck. 1876 brachte man am Rathaus eine Statue des sagenumwobenen Kaisers Barbarossa (Rotbart) an, dem Wilhelm I. als Barbablanca (Weißbart) zur Seite stand. Gemäß dem Motto: Der preußische Hohenzoller hat die Mission der staufischen Sagengestalt vom Kyffhäuser zur Wiederaufrichtung des Reiches erfüllt. Nach 1945 entfernt, sind anstelle der beiden Kaiser heute Bonifatius und Martin Luther zu sehen.

Wichtiger noch als Wilhelm I. war in der nationalen Erfolgsgeschichte dessen treuer „Eiserner Kanzler", der als eigentlicher „Reichsgründer" galt. Noch im Todesjahr Bismarcks hatte die Deutsche Studentenschaft dazu aufgerufen, überall im Lande Bismarcksäulen zu errichten. Sie sollten zu besonderen Anlässen mit großen Leuchtfeuern alle Gebiete des Deutschen Kaiserreiches miteinander verbinden. Am 23. März 1900 wurde auch in Erfurt ein Bismarcksäulen-Verein gegründet. Unterzeichnet von Oberbürgermeister Hermann Schmidt und zahlreichen honorigen Bürgern, verkündete ein Aufruf: „In allen Gauen des Vaterlandes sollen auf ragender Höhe granitene Säulen zum Himmel streben, dem Gewaltigsten zum Gedächtnis, dem Größten aller Großen einer großen Zeit, Otto von Bismarck."

Die 35.450 Mark Baukosten konnten durch 621 Spender rasch aufgebracht werden. Allein die Bismarck-Gemeinde steuerte rund 10.000 Mark bei, der spätere Betreiber des Ausflugslokals „Bismarckhöhe" 5.000, der Bankier Hermann Stürcke 800, der Textilunternehmer Ferdinand Lucius 600 Mark. Hinzu kam eine Reihe von Kleinspendern für das populäre Projekt. So konnte schon am 1. September 1901 die Einweihungsfeier am heutigen „Tannenwäldchen" stattfinden. Der durch Maurermeister Carl Haddenbrock errichtete 22 Meter hohe begehbare Turm folgte dem meistgebauten Modell „Götterdämmerung" von Architekt Wilhelm Kreis. Er war

Postkarte des Bismarckturms aus der Erbauungszeit.

nur mit einer Feuerschale und dem Wappen Bismarcks auf einem Reichsadler versehen. So sollte der Kalksteinbau deutsch-germanische Wehrhaftigkeit und Eintracht ausdrücken. Hinzu kam ein Eichenhain. In Erfurt stand der Turm gewissermaßen auf „geheiligtem Boden", hatten doch Spaziergänge den jungen Unionsparlamentarier Bismarck 1850 auch in den Steiger geführt.

In der DDR-Zeit fiel Bismarck als historische Persönlichkeit in Ungnade, auch wenn man sich ihm in den 1980er-Jahren in der Geschichtsschreibung wieder annäherte. Das Denkmal wurde vernachlässigt, entging aber als „Friedensturm" zumindest der Zerstörung. Heute bemüht sich der 1999 gegründete Bismarckturm-Verein Erfurt 1900 e.V. um seine Erhaltung. Große Sanierungsanstrengungen haben den Turm gesichert, in dessen Nachbarschaft sich seit 1902 das Restaurant „Zum Bismarckturm" großer Beliebtheit erfreut. An diesem authentischen Ort sollte in differenzierter Weise an den großen Staatsmann Bismarck und seine Verbindungen zu Erfurt erinnert werden. Weder der Rückfall in nationalistische Verherrlichung noch die Verdammung als „reaktionärer Junker" wie zu DDR-Zeiten würden dem gerecht.

40 Die Blumenstadt
Erfurt und der Gartenbau

Nach dem Niedergang des Waidhandels leitete Gartenbaupionier Christian Reichart eine neue Epoche ein. Im 19. Jahrhundert stieg die Blumenstadt mit ihren großen Gartenbauunternehmen zu einem internationalen Zentrum des Erwerbsgartenbaus auf.

Der einst weltweit verbreitete Name Blumenstadt stammt zwar aus dem 19. Jahrhundert, doch schon im Mittelalter bildete das Blaufärbemittel Waid eine wesentliche Grundlage für Reichtum und Macht der thüringischen Metropole. Das Spektrum reichte darüber hinaus vom Gartenbau bis hin zum Weinanbau. Noch heute lautet der Spitzname für echte Erfurter nach einer nahrhaften Hülsenfrucht „Puffbohnen". Martin Luther rühmte Erfurt gar als „des Heiligen Römischen Reiches Gärtner". Die 1133 erstmals urkundlich erwähnten Gärtner waren auch gefragt, als es mit dem Waidhandel zu Ende ging. Erfurt konnte hierauf mit einer Umprofilierung antworten, dem Aufstieg zu einem Zentrum des Erwerbsgartenbaus.

Der Gartenbaupionier schlechthin war Christian Reichart (1685–1775). Der Publizist und aufklärerische Praktiker machte nicht nur den aus Zypern stammenden Blumenkohl heimisch, sondern kultivierte im Dreienbrunnenfeld die beliebte Erfurter Brunnenkresse. Jenes vitaminreiche Gemüse soll sogar Kaiser Napoleon veranlasst haben, Erfurter Gärtner zum Kresseanbau nach Versailles zu schicken. Auch Dichterfürst Goethe im nahen Weimar wusste Reichart zu schätzen und beschäftigte sich intensiv mit dessen Hauptwerk, dem sechsbändigen „Land- und Gartenschatz" (1753/55). Aus gutem Grund setzten die Erfurter Reichart 1867 das erste Denkmal für einen Bürger der Stadt. Einst am Reichartplatz (Karl-Marx-Platz) errichtet, steht es heute in der Grünanlage an der Pförtchenbrücke.

Der Erfurter Erwerbsgartenbau erreichte im 19. und frühen 20. Jahrhundert seine buchstäbliche Blütezeit. Die großen Gartenbauunternehmen – Haage, Schmidt, Benary, Heinemann, Chrestensen – erlangten Weltgeltung. Mit ihren innovativen Produkten waren sie rund um den Globus präsent und errangen etwa im Samenhandel eine Führungsstellung. Auf den großen Gartenbau- und Weltausstellungen wurden sie mit zahlreichen Auszeichnungen gewürdigt. In Erfurt untermauerten aufwendige Gartenbauausstellungen den Ruf der Blumenstadt. Erster Höhepunkt war die „Allgemeine deutsche Ausstellung von Produkten des Land- und Gartenbaues" 1865. Von hier reicht die Traditionslinie über die Internationale Gartenbauausstellung iga '61 bis hin zur Bundesgartenschau 2021.

Obwohl der Gartenbau in der Industriegroßstadt Erfurt nur noch ca. vier Prozent der Arbeiterschaft ausmachte, blieb er dennoch ein profilprägender Wirtschaftszweig. Er hatte der

Erfurt präsentierte sich in den 1920er-Jahren als geschichtsträchtige Blumenstadt.

Blumenstadt „einen weit über die Grenzen des deutschen Vaterlandes hinaus reichenden Ruf erworben", so 1908 der Wirtschaftswissenschaftler Hans Haupt. Symbolträchtig brachte Erfurt 1890 sein Selbstverständnis im Monumentalbrunnen am Anger zum Ausdruck, der die beiden ökonomischen Stützen allegorisch darstellt. Neben einer männlichen Figur, die für Industrie und Handwerk steht, erinnert die Göttin Flora an die große Zeit des Gartenbaus.

Die prächtigen Geschäftshäuser, die Gewächshäuser und Blumenfelder prägten zudem das Stadtbild. Man muss sich Erfurt als Insel in einem „Meer von berauschend duftenden, in allen Farben leuchtenden Blüten: Rosen und Veilchen, Reseden, Levkojen und Tulpen, Balsamienen" vorstellen, wie es Reiseschriftsteller Karl Emil Franzos 1901 beschreibt. Der Gartenbau wurde zum Imagefaktor der „Blumen-, Luther- und Domstadt". Viele Traditionen lebten auch nach 1945 fort. Allerdings verließen Unternehmen wie Benary Erfurt Richtung Westen, andere wurden im VEG Saatzucht Zierpflanzen Erfurt verstaatlicht. Nach 1990 traten einige wie Haage und Chrestensen wieder ins Leben. Auch Forschung und Lehre bis hin zum Bereich Gartenbau der Fachhochschule Erfurt, dem Lehr- und Versuchszentrum Gartenbau (LVG) und der Forschungsstelle für Gartenbauliche Kulturpflanzen (FGK) prägen die Blumenstadt bis heute.

41 Die verhinderte Erfurter Republik

Erfurt und die Nationalversammlung

Die Weimarer Republik hätte auch eine Erfurter Republik werden können. Die Bewerbung als Sitz der Nationalversammlung 1919 scheiterte jedoch. So wurde die Weimarer Reichsverfassung in der benachbarten Klassikerstadt ausgearbeitet.

Erfurts Bewerbung um den Sitz der Deutschen Nationalversammlung 1919 gehört zu den fast vergessenen Episoden der Erfurter Stadtgeschichte, die freilich weitreichende Folgen hätten haben können. Sieben Jahrzehnte nach dem Erfurter Unionsparlament von 1850 nahm die „heimliche Hauptstadt" Thüringens noch einmal Anlauf, deutsche Hauptstadt- bzw. Parlamentswürden zu erlangen. Infolge der Novemberrevolution 1918 galt es, Deutschland eine neue Verfassung zu geben. Mit der Abdankung Kaiser Wilhelms II. am 9. November 1918 und der Machtübernahme eines Rates der Volksbeauftragten unter dem SPD-Vorsitzenden Friedrich Ebert in Berlin war aus dem Kaiserreich der Hohenzollern eine Republik geworden.

Noch aber war unklar, wie diese neue Republik genau aussehen sollte. Die Vorstellungen reichten von parlamentarischer Demokratie bis zur Räterepublik nach Vorbild des revolutionären Russlands. Die Verfassungsgebung sollte eine Nationalversammlung übernehmen, für die man angesichts der Unruhen in Berlin einen Tagungsort suchte. Eine Reihe von Städten bewarb sich hierfür, darunter auch Erfurt. Am 30. November 1918 bildete die Stadtverordnetenversammlung einen Ausschuss, auf dessen Initiative hin der Magistrat am 5. Dezember einen Brief an den Volksbeauftragten Friedrich Ebert schickte: „Für die Tagung der Nationalversammlung, die nicht in Berlin, sondern in einer Stadt Mitteldeutschlands stattfinden soll, bringen wir Erfurt in Vorschlag. Die Versammlung würde in der hiesigen Predigerkirche stattfinden."

In einem Schreiben vom selben Tag unterstützte auch der revolutionäre Erfurter Arbeiter- und Soldatenrat das Ansinnen der Stadtväter. Ausdrücklich verwies er „auf die historische Bedeutung Erfurts als Kongressort", womit man „nicht nur das Erfurter Programm der deutschen Sozialdemokratie" von 1891 meinte, sondern „auch sehr wichtige andere Kongresse, den Fürstenkongress im Jahre 1808 und das Vorparlament des Jahres 1848". In der Folge übersandte der Magistrat Fotos und Pläne des Predigerklosters, skizzierte nötige Umbauten, listete Unterkunftsmöglichkeiten auf. Kurzzeitig herrschte freudige Erwartungshaltung. Die Lokalpresse griff positive Signale auf, etwa einen Artikel der „Münchener Neuesten Nachrichten", der Erfurt als „Die künftige Hauptstadt Deutschlands" handelte.

Freilich ließ Berlin auf ein erstes Dankschreiben nichts mehr von sich hören. Daher drängte der Magistrat auf eine Entscheidung, da „die Zeit für die nötigen Bauausführungen kurz bemessen sein“ wird. Am 22. Januar 1919 musste der „Erfurter Allgemeine Anzeiger“ schließlich enttäuscht vermelden: „Weimar Ort der Nationalversammlung“. Wesentlich für die Entscheidung gegen Erfurt dürfte der Charakter als unruhige Großstadt mit einem Heer von Industrieproletariern gewesen sein – gerade davor war man aus Berlin gewichen. Die beschauliche Kultur- und Beamtenstadt Weimar dagegen galt als sicherer Zufluchtsort. Zugleich konnte man sich dort auf den humanistischen „Geist von Weimar“ berufen, was besonders Reichspräsident Friedrich Ebert sehr wichtig war. So traten am 6. Februar 1919 die Abgeordneten der Nationalversammlung erstmals im Weimarer Hoftheater zusammen und verabschiedeten im Juli die Weimarer Reichsverfassung.

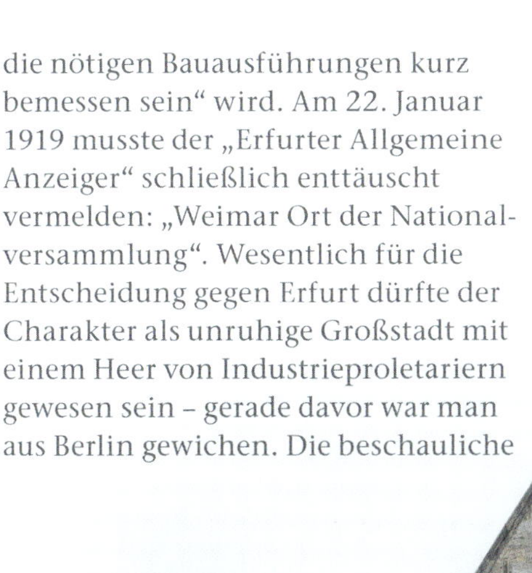

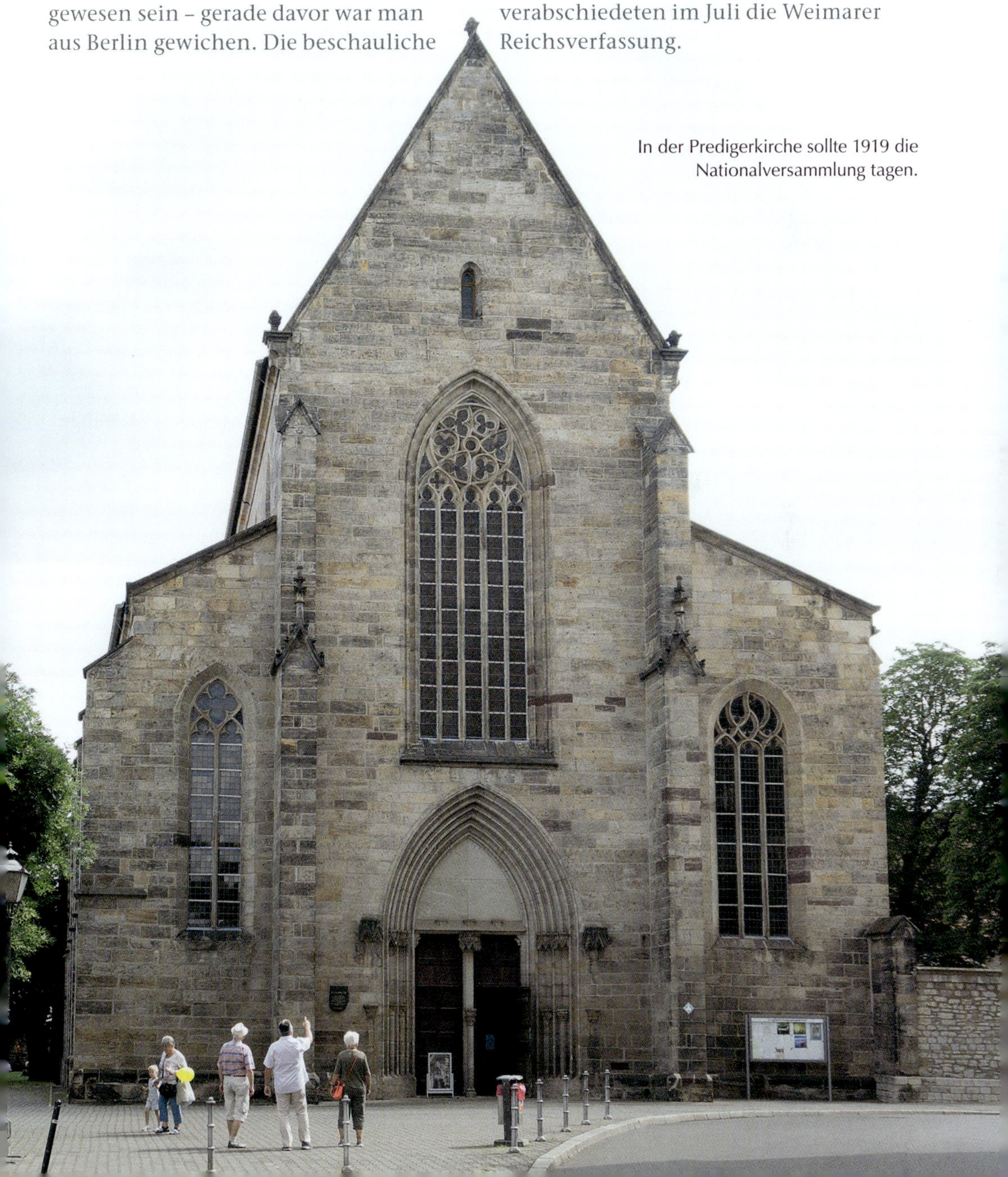

In der Predigerkirche sollte 1919 die Nationalversammlung tagen.

42 Moderne Großstadtarchitektur
Das Bauhaus in Erfurt

Das 1919 gegründete Bauhaus Weimar unter Walter Gropius gilt als „Wiege der Moderne" in Architektur, Kunst und Design. Seine Ideen wurden, anders als in der Goethestadt, in der benachbarten Großstadt Erfurt breit umgesetzt.

Die Gründung des Staatlichen Bauhauses Weimar unter Walter Gropius 1919 gilt als eine der Sternstunden der Kulturgeschichte. Gropius machte das Bauhaus zur „Wiege der Moderne" in Architektur, Kunst und Design. Hierfür konnte er namhafte Vertreter aus aller Welt wie Lyonel Feininger, Johannes Itten, Josef Albers, Paul Klee, Wassily Kandinsky, Oskar Schlemmer oder László Moholy-Nagy gewinnen. Zu den Grundideen zählte die Harmonisierung von Kunst und Handwerk sowie eine klare, funktionale Formensprache. Ein langes Bleiben war der als „Kulturbolschewismus" und „jüdische Unkultur" verfemten Schule freilich nicht beschieden. 1925 zog sie nach Dessau um.

Das vom Bauhaus aus der Taufe gehobene „Neue Bauen" war für die Zeitgenossen eine architektonische Revolution. Statt reich verzierter Fassaden und Kaschieren von Funktionalität hielten klare Linien und Offenheit Einzug. Dies erstreckte sich von der Fassade bis hin zur praktischen Inneneinrichtung. Zwar gab es bereits vor dem Ersten Weltkrieg und auch parallel zum Bauhaus zahlreiche Ansätze für eine Modernisierung des Bauens und Gestaltens, doch ist die Gründung von Gropius im allgemeinen Bewusstsein am engsten hiermit verbunden. Entscheidende Voraussetzung für den Durchbruch des gegen viele bisherige Konventionen verstoßenden neuen Baustils war freilich das Finden von aufgeschlossenen Bauherren. Dies sollte in der benachbarten Industriegroßstadt Erfurt in beachtlicher Weise gelingen – weit umfassender als in Weimar selbst, wo sich jenseits des Musterbaus „Haus am Horn" von 1923 so gut wie keine Gebäude im Bauhausstil finden.

Besonders durch das 100. Jubiläum 2019 wurde der Blick für diese moderne Großstadtarchitektur geschärft. Sie fand neben ambitionierten Wohnungsbauprojekten wie im Hanseviertel auch bei repräsentativen Geschäftshäusern Anwendung. Diese spiegeln zugleich die positive wirtschaftliche und städtebauliche Entwicklung in den mittleren 1920er-Jahren, den „Goldenen Zwanzigern". Heraus ragen unter anderem das DHV-Haus (1929, heute Anger-Entree), das Geschäftshaus Schellhorn in der Neuwerkstraße (1930) und der AOK-Neubau in der Augustinerstraße (1929). Diese Bauwerke heben sich gerade am Anger deutlich von den reich geschmückten Fassaden der Gründerzeit um 1900 ab, die der Erfurter Einkaufsmeile das Gepräge geben. So verwundert es auch nicht, dass der extreme Traditionsbruch keineswegs unumstritten war. Die Kritik reichte bis in den politischen Bereich.

Die Sparkasse im Bauhausstil am Anger.

Auch in Erfurt verfemten die Rechten den Bauhausstil als „seelenlos“ und „undeutsch“, sprachen von „semitischen Flachdächern“ usw.

Eines der markantesten Denkmale neuen Bauens ist der 1929 errichtete Neubau der Mitteldeutschen Landesbank am Anger 25. Heute residiert hier die Sparkasse Mittelthüringen. Das großzügige Bankhaus, eingerahmt von gründerzeitlichen Prachtbauten, steht beispielhaft für die sachliche Formensprache des Bauhauses. Verantwortlich zeichneten Architekt Johannes Klass und Stadtbaudirektor Ludwig Boegl. Allerdings hat man keineswegs gänzlich auf Fassadenschmuck verzichtet. Der mit einer Reihe von Werken im Stadtbild präsente Künstler Hans Walther schuf zwei Hochreliefs, die den Eingangsbereich bis zum ersten Obergeschoss flankieren. Sie zeigen ganz im Sinne des Auftraggebers als allegorische Figurengruppen links leichtsinnige Geldverschwendung und rechts vorsorgendes Sparen.

43 Kultureller Aufbruch
Erfurt und der Expressionismus

In der Weimarer Republik wurde das heutige Angermuseum dank aufgeschlossener Direktoren und des Mäzens Alfred Hess ein Mekka des Expressionismus. Trotz der Kultur-Barbarei der Nationalsozialisten ist dies noch immer zu spüren.

Die Kunst der 1920er-Jahre trägt für viele Kunstfreunde geradezu mythische Züge und gilt als klassische Moderne. Allerdings wurde die Entwicklung von den Zeitgenossen durchaus differenziert wahrgenommen, was auch für das heutige Erfurter Angermuseum gilt. Schon das Wirken des Direktors Edwin Redslob (1912–1919), später Reichskunstwart der Weimarer Republik, hatte im 1886 eröffneten Städtischen Museum zu Spannungen mit dem konservativen Kulturbürgertum geführt. Das Museum im barocken kurmainzischen Waage- und Packhof geriet endgültig in die Schlagzeilen, als 1920 mit Walter Kaesbach ein Exponent der „neuen Zeit" auf Redslob folgte. Kaesbach war Assistent an der Berliner Nationalgalerie, wo er am Aufbau der bedeutendsten Sammlung moderner Kunst in Deutschland mitgewirkt hatte. Dazu engagierte er sich im Berliner Arbeitsrat für Kunst, wo er mit Walter Gropius, Erich Heckel, César Klein, Emil Nolde, Christian Rohlfs oder Karl Schmitt-Rottluff zusammentraf.

Diese Kontakte kamen in Erfurt zum Tragen und machten es zu einem Brennpunkt moderner Kunst. Die Unterstützung durch den jüdischen Schuhfabrikanten Alfred Hess ließ eine außergewöhnliche Sammlung zeitgenössischer Kunst wachsen. Der „Heckel-Raum" (1922/24) im Angermuseum mit dem Zyklus „Lebensstufen" zeigt die einzigen erhaltenen Wandmalereien des Expressionisten Erich Heckel. Lyonel Feininger und Christian Rohlfs schufen während längerer Aufenthalte die Bilder der Barfüßerkirche sowie von Dom und Severikirche. Parallel hierzu baute Hess in seiner Villa in der heutigen Alfred-Hess-Straße eine noch bedeutendere Privatsammlung auf, die testamentarisch dem Angermuseum zugedacht war. In den Bildern spiegelt sich die für den Expressionismus charakteristische Abkehr von natürlichen Farben und Formen. Stattdessen stand der Ausdruck (lateinisch „expressio") innerer Erlebnisse des Künstlers im Mittelpunkt.

Diese Entwicklung rief die Gegner der Moderne auf den Plan. Ihr Wortführer war der Heimatmaler Walter Corsep, dem viele stimmungsvolle Ansichten des „alten Erfurts" zu verdanken sind. Er verleumdete Kaesbach als „Spartakist schärfster Ordnung". Alfred Hess wurde von ihm in bissigen Karikaturen zum „jüdisch-bolschewistischen" Feindbild verzerrt. Auch Kaesbachs 1925 sein Amt antretender Nachfolger Herbert Kunze hatte sich derartiger Anfeindungen zu erwehren. Zudem konnten viele Zeitgenossen mit der Moderne, mit

Das Angermuseum war in den 1920er-Jahren eine Hochburg des Expressionismus.

Expressionismus und Bauhaus-Architektur, wenig anfangen. So erlebte Erfurt in der Weimarer Republik einen kulturellen Aufbruch von nationaler Bedeutung, dem zugleich Verständnislosigkeit und Ablehnung entgegenschlugen.

Der Abwehrkampf gegen die Moderne führte auch der NSDAP Adolf Hitlers viele Sympathien zu. Nach der „Machtergreifung“ 1933 sorgte sie dafür, dass Erfurt einen einzigartigen Kulturschatz verlor. 1937 wurde Kunze als „einer der bekanntesten Vertreter der jüdisch-bolschewistischen Kunstrichtung“ aus dem Amt gejagt und das Museum mit der Aktion „Entartete Kunst“ um mehr als 800 Werke beraubt, die heute einen unschätzbaren Wert darstellen würden. Trotz dieses schweren Verlustes kann sich das Angermuseum als Flaggschiff der Erfurter Kunstmuseen auf eine große Vergangenheit berufen. Sie ist in den erhaltenen und nach 1990 wieder ergänzten Beständen der klassischen Moderne bis hin zum einzigartigen „Heckel-Raum“ dokumentiert.

44 Bewegte Zeiten
Der Flughafen Erfurt

In buchstäblich bewegten Zeiten wurde Erfurt 1925 an den Luftverkehr angeschlossen. Der erste Flughafen am Roten Berg galt als ein „Mittelpunkt im deutschen Luftverkehr". Heute startet man vom Flughafen Erfurt-Weimar in Bindersleben.

Die 1920er-Jahre waren eine Zeit des Aufbruchs, der Beschleunigung in vielen Bereichen. Das galt ganz buchstäblich für den Verkehr. Während die Eisenbahn vorerst ihre dominierende Rolle behauptete, setzte das Automobil zu seiner Siegesfahrt an. In der pulsierenden Industriegroßstadt Erfurt traten erste Autohändler, Garagen und Tankstellen ins Stadtbild. Von 1920 bis 1929 produzierte der Ingenieur und erfolgreiche Rennfahrer Carl Koch sogar schnittige Kraftwagen der Marke „Koco" an der Gera. Die nach 1933 gebauten Autobahnen wurden in dieser Zeit längst geplant, wobei in Erfurt neben dem 1940 erfolgten Anschluss an die heutige A 4 sogar schon Visionen eines Straßenrings für Schlagzeilen sorgten – um dann acht Jahrzehnte später tatsächlich umgesetzt zu werden.

Während Erfurt noch immer ein Eisenbahn- und Straßenknoten von nationalem Rang ist, gilt dies für die Luftfahrt nicht in diesem Maße. Das ebenfalls in den 1920er-Jahren kräftig durchstartende neue Verkehrsmittel schien zunächst ähnliche Bedeutung zu gewinnen. Im Flugplan von 1927 präsentierte sich Erfurt als ein „Mittelpunkt im deutschen Luftverkehr". Die Flugzeuge starteten damals vom Roten Berg. Wo sich heute die Rote-Berg-Siedlung erstreckt, befanden sich die Anlagen mit Empfangsgebäude, Hangar und Rollfeld. Am 10. Mai 1925 war Einweihung gefeiert worden. Oberbürgermeister Bruno Mann begrüßte unter großem Jubel die Piloten und Passagiere der ersten Eindecker-Ganzmetallmaschinen. Die „Thüringer Allgemeine Zeitung" sprach von dem „seit Jahrzehnten wichtigsten Tag" für die Erfurter Verkehrsgeschichte. „Sicher, bequem und preiswert" konnte man Ziele von Amsterdam bis Berlin, von Hannover bis Genf anfliegen. Auf dem Höhepunkt 1928 herrschte mit täglich 14 Starts und Landungen reger Luftverkehr.

Während des Zweiten Weltkrieges entstanden im Umfeld des Flughafens große Hangars und ein Reparaturwerk für Militärflugzeuge. Diese wurden bei Luftangriffen stark zerstört. Nach 1945 verlagerte sich die Luftfahrt vom Roten Berg nach Bindersleben. Dort war ein Militärflughafen entstanden, den nach 1945 zunächst die Sowjetarmee nutzte. Seit 1957 hoben vom Flughafen Erfurt-Bindersleben die Maschinen der DDR-Lufthansa bzw. Interflug in sozialistische „Bruderstaaten" ab. Fluglinien nach Berlin, Dresden und an die Ostsee wurden später aus Kostengründen eingestellt. Nach 1990 setzte man große Hoffnungen auf den modernisierten

Erfurter Flughafen in Bindersleben 1960 und 2020 (unten).

Flughafen, der sich seit 2011 Erfurt-Weimar nennt. Gewiss reiften nicht alle diese Blütenträume, lebt der Airport doch weitgehend von Urlaubsfliegern und Luftfracht. Dennoch stellt der Anschluss an den Luftverkehr nach wie vor einen wichtigen Standortfaktor dar. Und der Flughafen rückt die Landeshauptstadt Thüringens immer wieder ins Rampenlicht, wenn Prominente wie US-Präsident Barack Obama oder Papst Benedikt XVI. einfliegen

45 Der falsche Prinz
Harry Domela im „Erfurter Hof"

Der Arbeitslose Harry Domela sorgte 1926 als Prinz Wilhelm von Preußen für die spektakulärste Hochstapelei neben dem Hauptmann von Köpenick. Lachen und Nachdenken hielten sich seinerzeit freilich die Waage.

Im Jahr 1926 beehrte Seine Königliche Hoheit Prinz Wilhelm von Preußen das Hotel „Erfurter Hof" mit seiner Anwesenheit. Allerdings stellte sich bald heraus, dass es sich um den „falschen Prinzen" Harry Domela handelte. Es war die spektakulärste Hochstapelei der deutschen Geschichte neben dem Streich des „Hauptmanns von Köpenick". Der Fall Domela sorgte für viel Heiterkeit, aber auch für Nachdenken. Bevor der arbeitslose Baltikumdeutsche im Erfurter Spitzenhotel als Prinz hofiert wurde, hatte er die Tiefen der Gesellschaft erlebt. Mehrfach scheiterten seine Versuche, in den schwierigen Zeiten nach dem Ersten Weltkrieg (1914–1918) Fuß zu fassen. Als Ausweg erkannte der gutaussehende junge Mann die ungebrochene Ehrfurcht vor den blaublütigen Geschlechtern der 1918 in der Novemberrevolution untergegangenen Monarchie. So logierte er Ende 1926 als Baron von Korff standesgemäß im „ersten Haus am Platze" direkt am Hauptbahnhof.

Der Hoteldirektor verbreitete sofort das Gerücht, es handele sich um den Prinzen Wilhelm, den Enkel Kaiser Wilhelms II. Domela nahm diese Verwechslung zunächst mit Belustigung auf. Freilich „schmeichelte es mir, mit solchen Augen angesehen zu werden, zu erleben, wie alles vor mir in Ehrfurcht erstarrte", so Domela in seinen 1927 erschienenen Erinnerungen „Der falsche Prinz". Die Schilderung seines Eintrags in das Goldene Buch des Hotels stellt einen der Höhepunkte des Buches dar. Am Abend plauderten der Prinz und der Direktor in den Klubsesseln der Hotelhalle. Die Unterhaltung führte zu den Persönlichkeiten, die im Haus übernachtet hatten. Erst jüngst habe hier Reichskanzler Wilhelm Marx anlässlich des deutschen Katholikentages genächtigt. Schließlich führte der Direktor den Prinzen ins Privatkontor des Hotelbesitzers Georg Kossenhaschen, um ihm das Goldene Buch zu zeigen. „Der Direktor konnte jetzt eine gewisse Erregung nicht mehr verbergen. ‚Ja, Marx, der höchste Beamte des Deutschen Reiches, auf dieser Seite.' Er schlug eine neue Seite auf. ‚Und hier, hier müßte sich eine der höchsten Persönlichkeiten eintragen, eine Persönlichkeit, die der hohen Stellung eines Reichskanzlers gleichkommt, ein Name, der einen noch volleren Klang hat.'" Kurzentschlossen signiert Domela als „Wilhelm, Prinz von Preußen". Damit waren alle Dämme gebrochen. Auch der lebenserfahrene Kossenhaschen ließ sich von seinem hochadeligen Gast bestricken.

Domela kann die schöne Zeit in Erfurt, den Luxus, das Umschwärmtsein und die Freundschaft mit dem väterlichen Kossenhaschen freilich nicht lange

Harry Domelas Erinnerungen von 1927 wurden zum Bestseller.

genießen. Stets droht die Enttarnung des falschen Prinzen. Am 8. Januar 1927 erfolgt bei Köln seine Verhaftung, als er sich in die Fremdenlegion retten will. Die Berichterstattung macht Domela schlagartig zum Medienstar, seine Erinnerungen werden zum Bestseller und sogar verfilmt. Die Reaktionen sind allerdings gespalten. Kurt Tucholsky gilt die Geschichte von „Harry dem Ersten" als „Kulturdokument ersten Ranges". Für andere ist Domela ein Verbrecher. Noch so mancher Bürger hofft, dass die Hohenzollern Deutschland aus der ungeliebten Weimarer Republik zurück in die „gute alte Zeit" des Kaiserreiches führen mögen. Die „Thüringer Allgemeine Zeitung" kann der Sache immerhin etwas Gutes abgewinnen: „Nun soll aber keiner mehr sagen, daß Erfurt unbekannt ist. Allüberall im Vaterlande spricht man von uns: denn durch den ganzen deutschen Blätterwald rauschte in diesen Wochen der Name unserer Stadt."

46 Das Wunder von Erfurt

Erfurt und der Luftkrieg

Kurz vor Ende des Zweiten Weltkrieges in Erfurt am 12. April 1945 stand die einstige Mittelaltermetropole vor der totalen Zerstörung. Ein vernichtender Luftangriff mit 376 Bombern wurde jedoch in letzter Minute abgesagt.

Anfang April 1945 lag über Erfurt eine angespannte Atmosphäre. Mit der die Werra bei Creuzburg überschreitenden US-Army rückte die Front des Zweiten Weltkrieges von Westen immer näher heran. Das „Ende mit Schrecken" stand unmittelbar bevor. Kaum jemand glaubte noch ernsthaft der „Endsieg"-Propaganda der nationalsozialistischen Führung in Berlin oder von NSDAP-Gauleiter Fritz Sauckel in Weimar. Der bisherige Luftkrieg ließ die Erfurter Schlimmes erahnen. Gerade hatte dieser einen weiteren Höhepunkt erreicht. Am „schwarzen Karfreitag", dem 30. März 1945, forderte ein abendlicher Angriff der britischen Royal Air Force 125 Menschenleben und zerstörte zahlreiche Gebäude. Dazu gehörten beliebte Gaststätten im Süden wie der „Hopfenberg" und der „Kaffeetrichter", das einstige „Café Trichter".

Es ist der größte Glücksfall der Erfurter Stadtgeschichte, dass die sich mit steigender Wucht ankündigende Zerstörung aus der Luft letztlich ausblieb. Von der Mittelaltermetropole mit ihren vielen Kulturdenkmalen wäre bei einem Flächenbombardement ähnlich wie in Nürnberg, Köln oder Frankfurt wenig übrig geblieben, Tausende Menschen hätten den Tod gefunden. Erfurt gilt so als eine der wenigen deutschen Großstädte, die sich ihr historisches Erscheinungsbild erhalten konnten. Das war auch schon für die Zeitgenossen alles andere als selbstverständlich. Bereits 1935 hatte der NS-Luftschutz-Funktionär Constantin Rembe darauf hingewiesen, dass „Erfurt, das im Mittelpunkt Deutschlands und im Schnittpunkt der fliegerischen Aktionsradien der hochgerüsteten Nachbarstaaten liegt, besondere Bedeutung" besitze und sehr gefährdet sei.

Das pulsierende Rüstungs- und Verkehrszentrum tauchte unter dem Codenamen „Whitefish" (Maräne) immer wieder auf Ziellisten der amerikanischen und britischen Luftwaffe auf. Seit dem 26. Juli 1940 gab es denn auch zahlreiche Angriffe, die sich zum Kriegsende hin steigerten. Wieso aber blieb ein letzter vernichtender Schlag aus? Seit dem ersten schweren Tagesangriff der US Army Air Forces am 20. Februar 1944 war es immer wieder zu Bombardements gekommen, denen insgesamt rund 1.600 Menschen und viele auch historisch wertvolle Bauwerke von der Barfüßerkirche bis zum Collegium maius zum Opfer fielen. Gerüchte schürten zudem die Angst. Besonders die Zerstörung des bis dahin nahezu unberührten Dresdens am 13. Februar schwebte wie ein Damoklesschwert über der Stadt.

Warum und wie knapp Erfurt einem solchen Inferno wie im barocken Elbflorenz entging, ahnte vor Ort niemand. Besonders die Briten drängten angesichts

Gedenktafel für die Zerstörung der Barfüßerkirche am 26. November 1944 in Form eines „Totentanzes“ von Hans Walther.

der Verlagerung von Rüstungsbetrieben, Reichsbehörden und Militär in den „Mustergau“ Thüringen auf eine massive Bombardierung des urbanen Zentrums Erfurt. Terminiert war der Vernichtungsangriff zunächst auf den 2. April und wurde dann zweimal verschoben. Am 4. April sollte schließlich ein Doppelangriff der Royal Air Force auf Erfurt und Nordhausen erfolgen. 376 Bomber standen allein für Erfurt bereit. Während die Stadt im Südharz wenig später Tausende Opfer und die totale Zerstörung ihrer Altstadt zu beklagen hatte, blieb Erfurt jedoch fast unbehelligt. Die US-Bodentruppen unter General George S. Patton jr. rückten zu diesem Zeitpunkt bereits von Gotha auf Erfurt zu und hatten Angst vor Fehlabwürfen. In buchstäblich letzter Minute stoppten sie die Briten, was man wohl als „Wunder von Erfurt“ einstufen darf.

Gut eine Woche später war der Krieg dann in Erfurt beendet, ohne dass es noch zu einem Bomberangriff gekommen wäre. Allerdings weigerte sich der Erfurter Kampfkommandant Otto Merkel, anders als sein hierfür hingerichteter Kollege Josef von Gadolla in Gotha, die Stadt kampflos an die Amerikaner zu übergeben. Dies forderte bei der Einnahme noch einmal erhebliche Zerstörungen und dutzende Menschenleben. Am späten Nachmittag des 12. April 1945 ruhten dann in Erfurt die Waffen.

47 Das erste Hochhaus
Erfurts Weg zur Landeshauptstadt

Erfurts Weg zur Landeshauptstadt Thüringens begann nach 1945 in der DDR mit dem Umzug von Parlament und Regierung aus Weimar. Hieran erinnert das im Volksmund „Eierkiste" bezeichnete heutige Landtags-Hochhaus.

Das Ende des Zweiten Weltkrieges sorgte neben vielen anderen Veränderungen auch für die politisch-administrative Einigung Thüringens – wenn auch vorerst nur für wenige Jahre. Entsprechend den alliierten Beschlüssen der Konferenz von Jalta sollte Thüringen zur Sowjetischen Besatzungszone (SBZ) gehören, was im Juli 1945 zum Abzug der Amerikaner und Nachrücken der Sowjetarmee führte. Die föderale Struktur Deutschlands wurde verändert, was vor allem zum Verschwinden Preußens von der Landkarte führte.

Für das 1920 aus den ehemaligen Kleinstaaten gegründete Land Thüringen mit der Hauptstadt Weimar bedeutete dies die Einbeziehung des preußischen Regierungsbezirkes Erfurt sowie des Kreises Schmalkalden. Logische Folge war das Bemühen der Erfurter, ihre alte Metropole nunmehr auch zur offiziellen Landeshauptstadt zu machen. Nach der formalen Auflösung Preußens per Alliiertem Kontrollratsbeschluss 1947 waren zudem letzte Unsicherheiten beseitigt worden. In einer Denkschrift über die „Notwendigkeit, die Stadt Erfurt zur Landeshauptstadt mit dem Sitz der Landesregierung zu machen" bündelte man 1948 selbstbewusst alle Argumente.

Tatsächlich ging die Funktion der Landeshauptstadt schrittweise von Weimar an Erfurt über. Schon 1947 hatte man damit begonnen, Behörden von der Ilm an die Gera zu verlegen. Nach kontroversen Debatten siedelte sich die Landesregierung 1950 und der Landtag 1951 in Erfurt an. Ministerpräsident Werner Eggerath (SED) formulierte einen wesentlichen Beweggrund: „Der alte Hofratsgeist geistert in Weimar noch sehr stark, und ein neues gesundes Leben kommt nicht zum Durchbruch, weil Weimar keine nennenswerte Industriearbeiterschaft hat." Zudem hatte sich die einstige konservative Residenzstadt zur „Muster-Gauhauptstadt" während des Nationalsozialismus profiliert.

Die aus Sicht der neuen sozialistischen Machthaber progressivere Industriegroßstadt Erfurt bekam nun ein modernes Aushängeschild. Das Verwaltungsgebäude des preußischen Regierungsbezirkes Erfurt, der heutige Landtagsaltbau, an der Arnstädter Straße wurde durch ein Hochhaus erweitert. Der 1951 fertiggestellte zehngeschossige Neubau von Architekt Egon Hartmann, inspiriert vom Geist des Bauhauses, geriet allerdings rasch ins Kreuzfeuer der Kritik. Während die offiziöse DDR-Architektur eher dem Neoklassizismus im Stil der Stalinallee in Berlin zuneigte, zeigten sich auch viele Erfurter vom ersten Hochhaus ihrer Stadt wenig begeistert. Rasch machte im Volksmund die Bezeichnung „Eierkiste" die Runde.

Das 1951 errichtete Hochhaus ist heute Teil des Landtags-Komplexes.

Die Hauptstadtfrage sollte freilich bald hinfällig werden. 1952 erfolgte die Auflösung der Länder in der DDR – „demokratischer Zentralismus“ nannte das die SED-Führung in Ostberlin. Thüringen wurde in die Bezirke Erfurt, Gera und Suhl aufgeteilt. Im Hochhaus siedelte sich der Rat des Bezirkes Erfurt an. Mit der Wiedervereinigung Deutschlands am 3. Oktober 1990 trat dann endgültig der heutige Freistaat Thüringen ins Leben. Zu diesem Zeitpunkt war Erfurt bereits faktisch Landeshauptstadt und nach erneut heftigem Duell mit Weimar verabschiedete der Landtag am 10. Januar 1991 das entsprechende Landesgesetz. Der Komplex um das denkmalgeschützte Hochhaus, heute Sitz der Landtagsverwaltung, wurde zum modernen demokratischen Herzstück des Freistaates Thüringen ausgebaut. Die Thüringer Staatskanzlei, Sitz des Ministerpräsidenten, hat im ehemaligen kurmainzischen Statthalterpalais am Hirschgarten ihren Sitz genommen.

48 Höhen und Tiefen
Die Fußballstadt Erfurt

Der Erfurter Fußball blickt auf eine lange Tradition bis ins 19. Jahrhundert zurück. 1954 und 1955 konnte Turbine sogar den DDR-Meistertitel feiern. Allerdings mussten die Fans des heutigen FC Rot-Weiß Erfurt Höhen und Tiefen durchleben.

Die Vorläufer des FC Rot-Weiß Erfurt reichen zurück bis zum 1895 gegründeten Erfurter Kricket Club. Bereits 1896 in Sportclub Erfurt umbenannt, entwickelte sich der SCE mit seinem einstigen Stadion auf dem heutigen egapark-Gelände zum erfolgreichsten Fußballclub Erfurts. 1900 gehörte er zu den Gründungsmitgliedern des DFB in Leipzig. Von 1903 bis 1910 holte der SC die Gaumeisterschaft von Thüringen, 1909 sogar die Mitteldeutsche Meisterschaft. Erst im Halbfinale um die Deutsche Meisterschaft unterlag man Titelträger FC Phönix Karlsruhe mit 1:9. Bis in die frühen 1940er-Jahre spielte der SCE eine wichtige Rolle.

Ein tiefer Einschnitt war die Auflösung aller „bürgerlichen" Sportvereine in der Sowjetischen Besatzungszone 1945. Die Tradition des SCE ging zunächst auf die SG Erfurt-West über. Rasch etablierte sich der Erfurter Fußball im ostdeutschen Spitzenfeld. 1949 erreichte der Verein als Fortuna Erfurt das Ostzonenfinale. 1950 verlor man als KWU Erfurt das Endspiel um den FDGB-Pokal. 1951 musste der Oberliga-Spitzenreiter ein umstrittenes Entscheidungsspiel gegen den punktgleichen Zweiten Chemie Leipzig austragen, das 0:2 verloren ging.

Am 11. April 1954 erfüllte sich dann der lang gehegte Wunsch. Turbine konnte nach einem 2:0 über Wismut Aue vor über 40.000 Zuschauern im Georgij-Dimitroff-Stadion, dem heutigen Steigerwaldstadion, die Meisterschaft in der DDR-Oberliga feiern. Torschützenkönig wurde Siegfried Vollrath. Auch die Namen seiner Mitspieler haben noch immer einen guten Klang: Helmut Nordhaus, Gerhard „Eddi" Francke, Georg Rosbigalle, Jochen Müller oder Lothar Weise. Der Vater des Titels war Trainer Hans Carl. Ein Jahr später gelang der in SC Turbine Erfurt umbenannten Mannschaft die Titelverteidigung.

An diese großen Erfolge konnte man später nicht mehr anknüpfen. Am 26. Januar 1966 wurde aus Turbine der FC Rot-Weiß Erfurt. Trotz der privilegierten Einstufung als Fußballclub blieb man im Schatten der Clubs in Berlin, Dresden, Jena, Magdeburg und Leipzig. Auch die mit Offensivfußball begeisternde Mannschaft der 1980er-Jahre um das Sturmtrio Jürgen Heun, Martin Busse und Armin Romstedt verfehlte stets ihr Ziel, die Europapokalteilnahme. Immerhin erreichte man nach 1950 noch einmal das FDGB-Pokalfinale. Das ging jedoch am 17. Mai 1980 im Berliner Stadion der Weltjugend ausgerechnet gegen den Thüringenderby-Rivalen FC Carl Zeiss Jena mit 1:3 nach Verlängerung verloren.

Meistermannschaft der BSG Turbine Erfurt von 1954.

Nach 1990 ging es für RWE wie für viele Traditionsclubs im Osten bergab. Zwar konnte man sich 1991 für die 2. Bundesliga qualifizieren, stieg aber sofort wieder ab. Ebenso erging es nach dem erneuten Aufstieg der Elf um „Fußballgott" Ronny Hebestreit 2004. Der 13. August 1991 bildete einen der Tiefpunkte. Der spätere Erfolgstrainer Jürgen Klopp erzielte beim 5:0 des 1. FSV Mainz 05 in Erfurt vier Tore – Presseschlagzeile: „Von Klopp gab's Kloppe". So konnte man sich auch nicht so recht über die erste und bisher einzige Teilnahme am UEFA-Pokal 1991 freuen (1:0/1:0 gegen FC Groningen, 1:2/0:3 gegen Ajax Amsterdam). In den letzten Jahren nahm die Talfahrt rasante Formen an. 2008 Gründungsmitglied der neuen Dritten Liga, stieg der „Drittliga-Dino" zehn Jahre später ab und ging in Insolvenz. In der Winterpause 2019/20 musste er sogar die 1. Mannschaft aus der viertklassigen Regionalliga abmelden. Da half auch der Umbau des Steigerwaldstadions zur modernen Multifunktionsarena 2016 nichts. Dort fand schließlich 2020 ein Neustart statt, der RWE wieder in höhere Fußballregionen führen soll.

49 Von Olympiasiegern und Weltmeistern
Die Sportstadt Erfurt

Erfurt brachte als Sportstadt von Weltruf zahlreiche Spitzenathleten hervor. Seine Schwimmer, Läufer, Radfahrer und Eisschnellläufer gelangten sogar auf den sportlichen Olymp. Ihnen ist auch die heutige moderne Infrastruktur zu verdanken.

Die Bezirksstadt Erfurt gehörte zu den Zentren der einstigen Sport-Weltmacht DDR. Ihre Sportidole waren sehr wichtig und galten als „Botschafter im Trainingsanzug". Seit den 1950er-Jahren bildete der SC Turbine Erfurt ein Rückgrat des aufwendig geförderten Leistungssports. Aber auch nach 1990 gelangen große Erfolge. Die Verkörperung der einstigen Sportstadt von Weltformat sind die Athleten mit zahlreichen Erfolgen bei Olympischen Spielen und Weltmeisterschaften.

Im Schwimmen ragt Roland Matthes heraus. Der erfolgreichste Rückenschwimmer aller Zeiten gewann bei den Olympischen Spielen 1968 in Mexiko und 1972 in München jeweils über 100 Meter und 200 Meter Rücken Gold. In der Leichtathletik krönte Geher Hartwig Gauder seine Laufbahn bei Olympia 1980 in Moskau mit Gold über die 50 Kilometer, Mittelstreckler Nils Schumann bei Olympia 2000 in Sydney über die 800 Meter. Im Bahnradsport wurde Daniel Becke 2000

in Sydney Olympiasieger in der Mannschaftsverfolgung, René Wolff 2004 in Athen im Teamsprint sowie Kristina Vogel 2012 in London im Teamsprint und 2016 in Rio de Janeiro im Sprint.

In den 1990er- und 2000er-Jahren rückte auch der Eisschnelllauf Erfurt ins Rampenlicht. Die Kufenflitzer des ESC Erfurt um Gunda Niemann-Stirnemann, Franziska Schenk, Sabine Völker, Daniela Anschütz-Thoms und Stephanie Beckert gehörten zur Weltspitze. Die offizielle Eischnellläuferin des Jahrhunderts Niemann-Stirnemann holte bei Olympia 1992 in Albertville, 1994 in Lillehammer und 1998 in Nagano insgesamt drei Gold-, vier Silber- und eine Bronzemedaille. Völker und Anschütz-Thoms wurden Olympiasieger in der Team-Verfolgung in Turin 2006, Anschütz-Thoms und Beckert 2010 in Vancouver.

Der Erfurter Sport weist natürlich auch Traditionen auf, die vor 1945 zurückreichen. So gilt die Radrennbahn im

Die moderne Arena Steigerwaldstadion ist das Herzstück der Sportstadt Erfurt.

Andreasried mit ihrer Einweihung 1899 als die älteste noch in Betrieb befindliche Radrennbahn Deutschlands. Die dortigen Steherrennen mit ihren knatternden Motorrädern genießen bis heute große Popularität. Im Andreasried begannen viele große Karrieren vom fünffachen Bahnrad-Weltmeister der 1970er- und 1980er-Jahre Detlef Macha bis hin zu Becke, Wolff und Vogel.

Freilich ging der staatlich gelenkte DDR-Leistungssport mit weniger medaillenträchtigen Disziplinen bisweilen rabiat um, was auch Erfurt zu spüren bekam. So sahen sich die Eishockey-Cracks des SC Turbine in ihrem offenen Eisstadion anstelle der heutigen Eislaufhalle 1970 mit der Entscheidung konfrontiert, dass die DDR-Oberliga bis auf die Mannschaften in Berlin und Weißwasser aufgelöst wurde. Nach 1990 knüpfte der ESC mit dem Team der Black Dragons an diese Tradition an.

Ohne die Schattenseiten des DDR-Leistungssports zu verkennen, schwingt doch in der Erinnerung bei vielen Erfurtern Stolz mit. Einige Sportler sorgten zudem auch nach 1990 für herausragende Ergebnisse. Dies wiederum war eine Voraussetzung für die Modernisierung der Infrastruktur, wie den Bau der Leichtathletikhalle 1994 und der Eislaufhalle 2001 sowie die Rekonstruktion der Radrennbahn 2008. Mit dem Umbau des Steigerwaldstadions, langjährige Spielstätte des FC Rot-Weiß Erfurt und Leichtathletikstadion, zur Multifunktionsarena erhielt das Leistungssportzentrum 2016 sein modernes Herzstück. Einige dieser Sportstätten tragen die Namen verdienter Athleten, wie die Roland-Matthes-Schwimmhalle, die Gunda-Niemann-Stirnemann-Eislaufhalle und die Hartwig-Gauder-Leichtathletikhalle.

50 Die Welt der Blumen
Von der iga '61 zur Buga 2021

Seit dem 19. Jahrhundert präsentiert sich die Blumenstadt Erfurt mit großen Gartenbauausstellungen. In dieser Tradition steht der 1961 als iga gegründete egapark, Herzstück der Bundesgartenschau 2021.

Erfurt stieg im 19. Jahrhundert zu einem internationalen Zentrum des Gartenbaus auf, was ihm den Namen Blumenstadt eintrug. Dies war verbunden mit großen Gartenbauausstellungen. Schon 1838 konnte man in „Vogels Garten" eine solche Schau bestaunen. Erster spektakulärer Höhepunkt wurde 1865 die Allgemeine deutsche Ausstellung von Produkten des Land- und Gartenbaues. In der Presse wurde sie als „erste, das ganze Gartenwesen umschließende deutsche Ausstellung" mit Besuchern aus aller Welt gefeiert und gilt heute als eine Art „Ur-Bundesgartenschau". Es folgten weitere große Ausstellungen 1876, 1894 und 1902.

Das heutige Aushängeschild der Blumenstadt, der egapark, reicht ebenfalls in diese Zeit zurück. Seit der Entfestigung Erfurts 1873 war das Gelände um die Zitadelle Cyriaksburg zur Grünanlage umgestalteten worden. Dort fand 1950 die große Gartenschau „Erfurt blüht" statt. Auf Richtung Westen erweitertem Areal eröffnete am 28. April 1961 die Internationale Gartenbauausstellung iga '61. Sie galt als „Lehrschau" und „Bildungszentrum des sozialistischen Gartenbaus". Mit dem Gartenbaumuseum in der Cyriaksburg fand das entsprechende Leitmuseum dort seine Heimstatt. Nach erfolgreichem Start wurde die iga als größte Gartenschau des Ostblocks verstetigt. Zugleich war sie eine Attraktion der DDR-Bezirksstadt. In der ersten Saison lockte sie 3,5 Millionen Besucher an. Für die Erfurter stellte die iga ein beliebtes Freizeitareal dar, an dessen Errichtung sie im Rahmen des Nationalen Aufbauwerks (NAW) erheblichen Anteil hatten. Das Denkmal „Aufbauhelfer" von Fritz Cremer erinnert hieran.

Nach 1990 stand die Existenz der bisher vom DDR-Landwirtschaftsministerium getragenen iga infrage. 1994 kam es zur Dreiteilung des Geländes, auf dessen westlichem Teil das MDR-Landesfunkhaus Thüringen und die Messe Erfurt entstanden. Der jetzige egapark (ega = Erfurter Garten- und Ausstellungs GmbH) ging in die Verantwortung der Stadt über. Es kamen viele neue Angebote von Pflanzenschauhäusern und Japanischem Garten bis hin zum Kinderbauernhof hinzu. Zugleich besitzt der egapark nach wie vor große Bedeutung für die Gärtner in Thüringen und Deutschland.

Bei alledem hat sich der Charakter der iga '61 weitgehend erhalten. Sie zählt als eingetragenes Denkmal zu den „wenigen künstlerisch unumstrittenen und anspruchsvoll gestalteten Gartenanlagen" der DDR. Auf ihren Schöpfer Reinhold Lingner geht das Ensemble von großem ornamentalem Blumenbeet und Ausstellungshallen, von Springbrunnen, Wasserachse und vielen weiteren Details zurück. Dieses einzigartige Gartendenkmal wurde als Herzstück der Buga 2021 aufwendig saniert und um neue Attraktionen wie das Danakil-Klimazonenhaus bereichert. Das beliebteste Tourismusziel in Thüringen trägt so zusammen mit dem Deutschen Gartenbaumuseum auch in Zukunft maßgeblich dazu bei, den Ruf Erfurts als Blumenstadt zu erhalten.

Der 1961 eröffnete egapark ist das Aushängeschild der Blumenstadt Erfurt.

51 Die Platte
Wohnungsbau in der DDR

Kaum eine städtebauliche Maßnahme hat das Weichbild der Stadt Erfurt so nachhaltig verändert wie der DDR-Wohnungsbau. Plattenbauten entstanden vom Juri-Gagarin-Ring bis zu den Neubaugebieten im Norden und Südosten.

Viele Besucher der gewaltigen Zitadelle Petersberg bestaunen beim Blick über die Erfurter Altstadt das weitgehend erhaltene historische Stadtbild. Dank relativ geringer Zerstörungen im Zweiten Weltkrieg präsentiert sich die Mittelaltermetropole Touristen wie Einheimischen zur großen Freude. Mit den zahlreichen Baudenkmalen rund um den imposanten Domhügel hat sich ein Ensemble erhalten, wie es in deutschen Großstädten seinesgleichen sucht.

Freilich zeigt das Petersberg-Panorama aber auch, dass die jüngere Geschichte keineswegs spurlos an Erfurt vorbeigegangen ist. Wuchtige Plattenbauten entlang des Juri-Gagarin-Rings haben sich als Erbe sozialistischen Städtebaus tief in

die Silhouette eingegraben. Elfgeschossige „Wohnscheiben“ und 16-geschossige „Punkthochhäuser“ sprengen alle Relationen zur Altstadtbebauung. Überragt wird diese „Skyline“ vom Hotel „Radisson“, einst als Interhotel „Kosmos“ errichtet. Der Startschuss erfolgte 1967 mit den Abrissarbeiten am östlichen Ring. Ganze Altstadtquartiere mussten den Bauten aus Betonfertigteilen weichen. Hospitalviertel, Krämpferstraße, Neuerbe, Steingasse – über Jahrhunderte gewachsene Straßenzüge fielen dem Bagger zum Opfer. Später wiederholte sich dieser Vorgang am Südring.

Die Rechnung der Stadtplaner mit Blick auf die akute Wohnungsnot in der DDR war relativ einfach: Statt 5.000 Wohnungen in kleinteiligen sanierungsbedürftigen Altbauten sollten 10.000 Plattenbau-Wohnungen in aufgelockerter Bauweise entstehen. Zugleich ging es um eine demonstrative Modernisierung der Bezirksstadt im Geiste durchaus international verbreiteter städtebaulicher Vorstellungen. Die Vorhaben gingen allerdings noch weit über die tatsächlich realisierte Ringbebauung hinaus. Modelle aus den späten 1960er-Jahren zeigen ausgedehnte Plattenbauten rund um einen kleinen erhaltenen Altstadtkern mit dem Domhügel. Geplant waren dabei unter anderem ein treppenförmiges Gebäude am Petersberg zum Domplatz hin und ein Hochhaus direkt neben der Peterskirche. Damit wäre der Stadt eine neue säkulare Stadtkrone zugefügt worden, die den Dom deutlich überragt hätte.

Viele Petersberg-Besucher werden es heute als Glücksfall ansehen, dass diese radikalen Pläne nie umgesetzt wurden. Aber auch so hat die DDR-Zeit das Stadtbild weit über das Zentrum hinaus nachhaltig verändert. Schon ab 1966 war am Johannesplatz auf einem ehemaligen Exerzierplatz und Kriegsgefangenenlager das erste Neubaugebiet entstanden. In den 1970er- und 1980er-Jahren wuchsen im Norden (Rieth, Berliner Platz, Moskauer Platz, Roter Berg) und Südosten (Herrenberg, Wiesenhügel, Drosselberg, Buchenberg) ganze Trabantenstädte in Plattenbauweise, in denen schließlich knapp die Hälfte aller 200.000 Erfurter lebte. Vor 1989 war die „Platte“ mit Fernheizung, Bad und WC im Vergleich mit den oft maroden Altbauten durchaus beliebt. Und auch heute fühlen sich viele Bewohner in den fast durchweg sanierten und städtebaulich aufgewerteten Neubaugebieten wohl.

Blick vom Petersberg über die Altstadt mit den Plattenbauten am östlichen Juri-Gagarin-Ring im Hintergrund.

52 Willy Brandt ans Fenster! Das Erfurter Gipfeltreffen 1970

Das erste deutsch-deutsche Gipfeltreffen 1970 im Interhotel „Erfurter Hof“ war einer der Meilensteine der Entspannungspolitik. Die Sympathiebekundungen der Erfurter für Bundeskanzler Willy Brandt gingen um die ganze Welt.

Willy Brandt am 19. März 1970 am Fenster des „Erfurter Hofes“.

Willy! Willy!“ – so begrüßten am 19. März 1970 Tausende begeisterte DDR-Bürger lautstark den Kanzler der Bundesrepublik Deutschland in der Bezirksstadt Erfurt. Willy Brandt war zu Gesprächen mit dem DDR-Ministerpräsidenten Willi Stoph angereist, dem ersten deutsch-deutschen Gipfeltreffen. Um 9.30 Uhr kam der Sonderzug am Erfurter Hauptbahnhof an. Auf dem Bahnsteig erfolgte zunächst die Begrüßung durch die DDR-Delegation. Als Stoph und Brandt anschließend den Weg vom Bahnhof zum gegenüberliegenden Tagungsort, dem Interhotel „Erfurter Hof“, zu Fuß zurücklegten, schlugen die Wellen der Emotionen hoch. Die Absperrungen von Volkspolizei und Staatssicherheit wurden durchbrochen und der Platz wurde gestürmt. Nur mit äußerster Mühe konnte ein schmaler Durchgang freigehalten werden.

Mit dem Sprechchor „Willy Brandt ans Fenster!“ riefen die bis zu 8.000 Menschen wenig später den Staatsgast ans Fenster eines Hotelzimmers. Als sich dieser zeigte, brandete tosender Jubel auf. Das waren Bilder, die weltweit für Aufsehen sorgten – hatten sich doch rund 350 Journalisten aus 42 Ländern für das historische Treffen akkreditieren lassen. Brandt fragte sich noch 20 Jahre später in seinen Erinnerungen: „Der Tag von Erfurt. Gab es einen in

Der „Erfurter Hof" mit der Leuchtschrift „Willy Brandt ans Fenster".

meinem Leben, der emotionsgeladener gewesen wäre?" Das galt erst recht für viele der einheimischen Zeitzeugen dieses Gänsehautmoments.

Doch es ging nicht nur um die Person des populären SPD-Vorsitzenden, der seit Herbst 1969 an der Spitze einer sozialliberalen Regierung in Bonn stand. Vielmehr verkörperte er mit seiner neuen Ost- und Deutschlandpolitik eine Perspektive der Entspannung und Annäherung, die offensichtlich auch die Menschen in der DDR ansprach. Zugleich erhoffte sich die SED-Führung eine Aufwertung der internationalen Stellung der DDR. Der in Erfurt begonnene und wenig später in Kassel fortgesetzte Dialog führte denn auch unter anderem zum Grundlagenvertrag 1972 und der Aufnahme beider deutscher Staaten in die UNO 1973.

Der „Erfurter Hof" in Thüringens heutiger Landeshauptstadt bildet also den Schauplatz des ersten deutsch-deutschen Gipfeltreffens und der beeindruckendsten Demonstration nationalen Einheitswillens in der DDR zwischen dem 17. Juni 1953 und der Friedlichen Revolution 1989. Allerdings steigen in dem einst „ersten Haus am Platze", wo schon 1926 Harry Domela als „falscher Prinz" für Schlagzeilen gesorgt hatte, und dem späteren privilegierten DDR-Interhotel keine Gäste mehr ab. Mittlerweile ein Geschäftshaus, erinnert seit 2009 auf dem Dach die Leuchtschrift „Willy Brandt ans Fenster" an das große Ereignis. Das „Willy-Brandt-Fenster" über dem Eingang zur Thüringer Tourist-Info wird nachts beleuchtet.

53 Aus den Fesseln der Angst befreit
Die Stasi-Besetzung in Erfurt 1989

Die Besetzung der Stasi-Bezirksverwaltung in Erfurt am 4. Dezember 1989 war ein Signalereignis von DDR-weiter Bedeutung. Damit begann der Fall der letzten SED-Bastion in der Friedlichen Revolution 1989. Hieran erinnert die Gedenkstätte Andreasstraße.

Die Gedenkstätte Andreasstraße erinnert auch an die Stasi-Besetzung 1989.

Keine andere Straße ruft bei älteren Erfurtern so deutliche Assoziationen hervor wie die Andreasstraße. Fast vier Jahrzehnte stand sie als Sitz der Bezirksverwaltung und einer Haftanstalt synonym für die „Stasi“. Von hier aus verbreitete das Ministerium für Staatssicherheit (MfS) jenes typische Klima von Angst und Verunsicherung, auch wenn der größte Teil der Bevölkerung nicht direkten Repressionen ausgesetzt war.

Über Jahrhunderte hatte sich allerdings auf dem Gelände am Fuße des Petersberges ein Handwerker- und Händlerviertel befunden. An der Frontseite zum Domplatz standen prächtige Bürgerhäuser. Dieses Viertel wurde bei der Beschießung Erfurts durch die Preußen

Im Eingangsbereich der Gedenkstätte befindet sich diese Gedenktafel.

am 6. November 1813 während der Befreiungskriege zerstört. Seither besitzt der Domplatz seine ungewöhnlich große Ausdehnung. Nördlich davon entstand die Grünanlage „Louisental“. Sie verschwand mit dem Bau des preußischen Landgerichtes und der dazugehörigen Haftanstalt 1879.

Nach 1945 fungierte der Komplex weiterhin als Gericht mit Untersuchungshaftanstalt. Mit der Auflösung der Länder in der DDR 1952 wurden aus Thüringen die Bezirke Erfurt, Gera und Suhl. Dementsprechend fungierte das Gerichtsgebäude nunmehr als Bezirksgericht Erfurt. Gleichzeitig bezog das MfS in dem heutigen Polizeigebäude in der Andreasstraße seine neue Bezirksverwaltung. Fortan teilten sich Innenministerium bzw. Volkspolizei und MfS die Untersuchungshaftanstalt. Keller und Erdgeschoss waren der Polizei zugeordnet, 1. und 2. Obergeschoss dem MfS. Ein turbulenter Prozess mündete nach 1989 in die am 4. Dezember 2013 eröffnete Gedenk- und Bildungsstätte Andreasstraße in der ehemaligen Haftanstalt. Sie erinnert an Unterdrückung und Widerstand in Thüringen zwischen 1949 und 1989.

Die Gedenkstätte ist zum einen den mehr als 5.000 Menschen gewidmet, die hier aus politischen Gründen inhaftiert waren. Sie will aber auch mit der Ausstellung „Haft – Diktatur – Revolution“ einen breiteren historischen Rahmen abstecken. Eine wichtige Rolle spielt dabei der Umstand, dass am 4. Dezember 1989 in Erfurt die Freiheit symbolträchtig triumphierte: Mutige Erfurter Bürger hatten während der Friedlichen Revolution erstmals eine Stasi-Zentrale besetzt und damit die letzte Bastion der SED-Herrschaft gestürmt. Hieran erinnert im Eingangsbereich der Gedenkstätte eine Gedenktafel unter dem Motto „Aus den Fesseln der Angst befreien“.

54 Schatzkammer der Geschichte
Das Stadtmuseum

In der Schatzkammer der Stadtgeschichte kann man die Zepter der ältesten Universität Deutschlands und den Schreibkasten Martin Luthers bewundern. 100.000 Jahre werden in dem prächtigen Renaissancegebäude lebendig.

Das Stadtmuseum „Haus zum Stockfisch" in der Johannesstraße ist so etwas wie die Schatzkammer der Erfurter Stadtgeschichte. Hier sind die Zepter der ältesten Universität Deutschlands ebenso zu bestaunen wie Martin Luthers Schreibkasten. Die große Erdgeschosshalle lässt in Anlehnung an die Ratshalle des Alten Rathauses die Mittelaltermetropole in ihrer ganzen Macht und Pracht erlebbar werden. Schätze aus Erfurter Kirchen stehen für Luthers „türmereiches Erfurt". Darüber hinaus erzählen dingliche Zeugen vom ersten Faustkeil bis hin zu Plakaten der Friedlichen Revolution 1989 von rund 100.000 Jahren ereignisreicher Stadtgeschichte. Exponat Nummer 1 ist dabei das prächtige Renaissancegebäude „Haus zum Stockfisch" selbst, benannt nach getrocknetem Fisch, einem einst wichtigen Handelsgut aus dem Norden Europas. Das Bürgerhaus mit seiner markanten schachbrettartigen Fassade und dem prunkvollen Portal steht für die Spätblüte des Erfurter Waidhandels. Errichtet hat es 1607 der Waidjunker und Biereige Paul Ziegler, der aus einer angesehenen Erfurter Patrizierfamilie stammte.

Nach dem Ende der großen Zeit von Waidhandel und privilegiertem Bierausschank diente der „Stockfisch" unter anderem als Lederfabrik, Weinhandlung und Bürogebäude. Die museale Nutzung begann 1922 als Naturkundemuseum. Am 30. Mai 1974 wurde im Rahmen der 15. Arbeiterfestspiele der DDR feierlich das Museum für Stadtgeschichte eingeweiht. Umfassend saniert und neu konzipiert, startete es 20 Jahre später am 7. Juni 1994 als Stadtmuseum „Haus zum Stockfisch" erneut durch. Das Museum ist auch Sitz des 1863 gegründeten Vereins für die Geschichte und Altertumskunde von Erfurt. Der Geschichtsverein hat 1919 mit der Schenkung seiner umfangreichen Sammlung an die Stadt den Anstoß für ein historisches Museum gegeben und ist dem Stadtmuseum eng verbunden.

Luthers Schreibkasten gehört zu den Schätzen des Stadtmuseums.

Stadtmuseum „Haus zum Stockfisch“ in der Johannesstraße.

Das Museum ist ein Muss für historisch interessierte Erfurter und Gäste der Stadt. Über seine Ausstellung hinaus verknüpft es als „Spinne im Netz der Stadtgeschichte“ die zahlreichen authentischen Erinnerungsorte in Erfurt. Das Team um den langjährigen Direktor Hardy Eidam sorgte auch mit großen kulturhistorischen Sonderausstellungen für überregionale Aufmerksamkeit. Hierbei ging es um Highlights, die weit über Erfurt hinaus ausstrahlen: Rechenmeister Adam Ries, Mystiker Meister Eckhart, Missionar Bonifatius, Prinzessin Radegunde, Pharmazie-Pionier Trommsdorff, das Gastgewerbe mit dem „Erfurter Hof“, das Brauwesen der Bierstadt und der Expressionismus der „Goldenen Zwanziger“. Unter der Regie des Museums entstand auch die erste Thüringer Landesausstellung „Der junge Bach“ im Jahr 2000 in der Erfurter Predigerkirche.

55 Kulinarische Highlights
Bratwurst und Klöße

Die Hauptstadt des Kulturlandes Thüringen hat Einheimischen und Touristen auch kulinarisch einiges zu bieten. Die beiden weltbekannten Nationalgerichte sind dabei allgegenwärtig: Thüringer Rostbratwurst und Klöße.

Rostbratwurst und Klöße sind die kulinarischen Markenzeichen Thüringens. Sie müssen beim internationalen Bekanntheitsgrad einen Vergleich mit Wartburg, Goethe und Bauhaus nicht scheuen. Überall im Lande wird auf dem Holzkohlegrill gebrutzelt. Das ist nicht nur eine der beliebtesten Freizeitbeschäftigungen der Thüringer, sondern auch im öffentlichen Raum allgegenwärtig. In der Landeshauptstadt Erfurt ist die Bratwurstbude fester Bestandteil der Imbisskultur. In der geschichtsträchtigen Innenstadt kann man jene kulturell-kulinarische Symbiose auf Schritt und Tritt beobachten. Vom Domplatz bis zum Hauptbahnhof, von der Kaufmannskirche bis zum Hirschgarten finden sich an der Flaniermeile mal traditionelle, mal hypermoderne Bratwurstbuden, die ihren unwiderstehlichen Duft verbreiten.

Gegessen wird die Bratwurst stilecht im Brötchen aus der Hand, idealerweise mit Erfurter Senf der Marke Born. 1820 eröffneten die Brüder Wilhelm und Louis Born im nördlichen Ilversgehofen eine Senf und Essigfabrik. Seit einigen Jahren werden deren würzige Spezialitäten im Gewerbegebiet Erfurter Kreuz nahe der Autobahn produziert und weit in die Lande verschickt. Neben einer immer größeren Vielfalt an Senf-Geschmacksrichtungen stellt man mittlerweile auch sehr erfolgreich Tomatenketchup her. Flagge zeigt das Erfurter Traditionsunternehmen am Wenigemarkt mit dem Born-Senf-Laden samt Senfmuseum.

Doch zurück zur Bratwurst, egal ob mit Senf oder Ketchup. Natürlich gibt es auch eine EU-Verordnung. Die echte

Thüringer hat eine mindestens 15 Zentimeter lange, mittelfeine Rostbratwurst im engen Naturdarm zu sein, roh oder gebrüht, mit würziger Geschmacksnote. Seit 2004 ist die Thüringer Rostbratwurst eine geschützte geografische Angabe, auch wenn mittlerweile nicht mehr mindestens 51 Prozent der verwendeten Rohstoffe aus Thüringen stammen müssen. Im Übrigen ist Bratwurst keineswegs gleich Bratwurst. Je nach Zutaten kann sie sich im Geschmack deutlich unterscheiden und firmiert etwa in Ostthüringen auch als „Roster". In Erfurt isst man schlicht „Bratwurst". Deren schriftlich belegte Tradition reicht bis ins Mittelalter zurück. 1404 wird die „brotwurstin" im nahen Arnstadt erstmals urkundlich erwähnt, dürfte aber zu diesem Zeitpunkt auch in Erfurt längst geschätzt worden sein.

Die Thüringer Klöße dagegen sind deutlich jünger. Ihre Hauptzutat ist erst in der Neuzeit in Europa heimisch geworden – die Kartoffel. Die ältesten Rezepte sind aus dem frühen 19. Jahrhundert überliefert, wobei es sich noch eher um ein Essen der kleinen Leute handelte. Klöße waren keineswegs nur Beilage zum Sonntagsbraten, sondern wurden oft noch über Tage hinweg in verschiedenster Form verspeist und sogar die beim Kochen übrig bleibende Kloßbrühe nicht verschmäht. Echte Thüringer Klöße, deren Rezept einst Frau Holle persönlich in Meiningen den Thüringern übergeben haben soll, werden zu zwei Dritteln aus rohen geriebenen und einem Drittel zerkochten Kartoffeln geformt.

Laut dem Klassiker des Erfurter Volkskundlers Martin Wähler „Thüringische Volkskunde" (1940) gelten Klöße als „Krönung der Kartoffelgerichte" und „Thüringer Nationalgericht". Über Generationen sah man ihnen als Höhepunkt der Woche entgegen: „Ein Sonntag ohne Thüringer Klöße / verlöre viel von seiner Größe!" In vielen Familien wurde und wird noch immer die Tradition des Kloßkochens gepflegt. Noch nicht ganz im Sinne korrekter Geschlechtergerechtigkeit machte Wähler dies zum Gradmesser „hausfraulicher Tüchtigkeit". Für die heutigen weniger küchenaffinen Erfurter und Gäste des beliebten Tourismuszentrums gibt es trotz großer internationaler Bandbreite der Gastronomie noch immer einige Gasthäuser, die bodenständige Kloß- und Bratwurstgerichte anbieten.

Bratwurstfreuden an der Schlösserbrücke.

Der Autor
Steffen Raßloff

Portrait des Autors.

Dr. Steffen Raßloff (Jg. 1968) wirkt als Historiker in Erfurt. Er ist Mitglied der Historischen Kommission für Thüringen und hat zahlreiche Publikationen zur Landesgeschichte veröffentlicht, darunter Standardwerke wie „Mitteldeutsche Geschichte. Sachsen – Sachsen-Anhalt – Thüringen“ (2. Auflage 2019), „Geschichte Thüringens“ (2. Auflage 2020) und „Geschichte der Stadt Erfurt“ (7. Auflage 2025). Darüber hinaus gehörte Raßloff zu den Autoren des Bestsellers „Deutsche Geschichte. Die große Bild-Enzyklopädie“ (2. Auflage 2024). Für seine Veröffentlichungen wurde er mehrfach mit Buchpreisen ausgezeichnet. Raßloff schreibt für die Presse, wirkt als Kurator von Ausstellungen und von Medienprojekten unter anderem für den MDR und das ZDF.

Bildnachweis

J.H. Darchinger/Friedrich-Ebert-Stiftung: S. 110;
Matthias Ecker: S. 4 (links), 12;
IMK Institut für angewandte Marketing- und Kommunikationsforschung GmbH: S. 79;
Alexander Raßloff: Vorsatz, S. 2/3, 4 (Mitte, rechts), 5 (Mitte, rechts), 17, 19, 20/21, 23, 24/25, 26, 29, 31, 33, 37, 40, 43, 45, 47, 49, 50/51, 52, 53, 54/55, 57, 59, 61, 63, 65, 69, 73, 75, 77 (rechts), 81, 82/83, 89, 91, 93, 95 (unten), 99, 101, 106/107, 108/109, 111, 112, 113, 115, 116/117, 120, Nachsatz, Einband hinten;
Dr. Steffen Raßloff: S. 74;
Sammlung Dr. Steffen Raßloff: S. 87, 97;
Sammlung Dr. Frank Seyfarth: S. 85;
Sammlung Olaf Schwertner: S. 103;
Shutterstock/drieshondebrinkfoto: Einband vorne;
Stadtmuseum Erfurt: S. 5 (links), 7, 9, 14, 28, 36, 38, 39, 67, 68, 77 (links), 95 (oben), 114;
Stadtmuseum Erfurt, Dirk Urban: S. 71;
Thüringisches Landesamt für Denkmalpflege und Archäologie, Hauke Arnold: S. 11;
Von Arena Erfurt GmbH - Eigenes Werk, CC BY-SA 4.0, https://commons.wikimedia.org/w/index.php?curid=85864681: S. 104/105;
Von User: Benreis auf Wikivoyage shared, CC BY-SA 3.0, https://commons.wikimedia.org/w/index.php?curid=22714267: S. 48;
Von Johann Peter Theodor Janssen - Klaus G. Beyer, Weimar, Gemeinfrei, https://commons.wikimedia.org/w/index.php?curid=1741934: S. 35.

Die Roland-Säule auf dem Fischmarkt.

Impressum

Sutton Verlag GmbH
Infanteriestraße 11 a
80797 München
www.suttonverlag.de

2. Auflage 2025
ISBN: 978-3-96303-271-4
Druck: Florjančič Tisk d.o.o. / Slowenien
Gestaltung und Herstellung: Sutton Verlag

In diesem Buch wird aus Gründen der besseren Lesbarkeit das generische Maskulinum verwendet. Weibliche und anderweitige Geschlechteridentitäten werden dabei ausdrücklich mitgemeint, soweit es für die Aussage erforderlich ist.

Thüringer Persönlichkeiten
Vom Mittelalter bis zur Gegenwart

Steffen Raßloff

ISBN: 978-3-96303-508-1 / 22,99 €